帝国的智囊团

大唐名相

邱 雨／著

中国华侨出版社

总序

居庙堂之高则忧其民；处江湖之远则忧其君。是进亦忧，退亦忧。然则何时而乐耶？其必曰"先天下之忧而忧，后天下之乐而乐"乎？噫！微斯人，吾谁与归？

这是宋代范仲淹在他的代表作《岳阳楼记》中留下的千古名句。一段话道尽了自己身为庙堂之臣的心路历程。事实上，这也是历史上这群被称作宰相的人所处的尴尬位置，和他们当中的杰出者的崇高志向的真实写照。

宰相可以说是古往今来最令人为难的职务。虽然历朝历代称呼不同，秦、汉、唐都习惯叫丞相，宋代叫参知政事，明代叫内阁首辅，清代叫军机大臣，但其职权范围却变化很小。我们可以用"总理政务，调和阴阳"这八个字来概括其职权范围。

何谓"总理政务，调和阴阳"？"总理政务"指的是宰相的日常工作。皇帝身为一国之君，在国事上可以抓大放小，但宰相身为百官之首，在国事上却必须事无巨细。全国大大小小的事务由各部门统一汇总到宰相那里，宰相再选择其中最重要的部分呈递给皇帝御览，这是中国自古以来最基本的行政流程。

"调和阴阳"指的则是宰相在国家机器当中所扮演的角色。事实上，宰相向来都是皇帝与百官之间的枢纽。在皇帝眼中，宰相是百官之首，是百官的代言人；而在百官眼中，宰相却是皇帝的助理，是皇帝的代言人。因此，身为宰相，就必须懂得如何调和阴阳，平衡皇帝与百官之间的关系。

这两点既是宰相的职责，同样也成了宰相难做的原因。总理政务让宰相庶务缠身，一刻不得清闲；调和阴阳又使得宰相劳心劳力，时时在皇帝与百官之间斡旋。由此可见，国之宰辅一方面位高权重，于运筹帷幄之间决定整个国家的兴衰荣辱；另一方面却又不得不忧谗畏讥，小心翼翼，否则这一刻还"居庙堂之高"，下一刻便会被流放，"处江湖之远"。

正是由于宰相这个职位的特殊性，使得宰相这个群体拥有了别样的精彩，这也正是本套丛书成书的原因。身为个人奋斗所能达到的最顶点，身为国家政策的制定和执行者，我们可以在历代的宰相们身上看到个人奋斗与王朝兴衰之间那千丝万缕的联系。

由此，本套丛书选取了秦、西汉、唐、北宋、明、清这6个最有延续性也最具代表性的朝代，每个朝代选取数位名相。透过他们的个人经历，我们可以清晰地看到一个王朝的发展脉络，看到这个王朝究竟因何而兴、为何而衰。

以史为鉴，可以知兴替；以人为鉴，可以明得失。古之名相，无不是人中之杰，今之人可以此为鉴。

目录
Contents

第一篇　长孙无忌——凌烟第一臣

第一章　相识于年少　　003
贵族少年　　003
南征北战　　008
李世民的危机　　012
政变前后　　016

第二章　贞观大业　　020
任亲与避嫌　　020
图录凌烟阁　　025
为臣之道　　030
长孙兄妹的默契　　034

第三章　太子的悲剧　　038
三个外甥　　038
太子造反案　　043

目录
Contents

　　　　　　长孙无忌的选择　　　046
　　　　　　唐太宗的遗嘱　　　　049

第四章　　顾命大臣　　　　　　053
　　　　　　永徽之治　　　　　　053
　　　　　　意外的敌人　　　　　058
　　　　　　大殿上的闹剧　　　　062
　　　　　　沉默的结局　　　　　065

第二篇　　狄仁杰——心存大义

第一章　　初涉政坛　　　　　　073
　　　　　　助手与对手　　　　　073
　　　　　　入朝　　　　　　　　077
　　　　　　显身手　　　　　　　081
　　　　　　拜相之路　　　　　　085

第二章	直臣与酷吏	089
	谷底	089
	逃出生天	094
	敌手	098

第三章	匡扶李唐	102
	老骥伏枥	102
	一力定乾坤	107
	苦果	113
	万世楷模	117

第四章	最后的时光	122
	人无完人	122
	伯乐	130
	波诡云谲	134

目录
Contents

第三篇　郭子仪——力挽狂澜

第一章　天下大乱　143
英才亮相　143
纵横　149
马嵬驿兵变　153

第二章　重整旧河山　158
两京之战　159
北伐　164
似敌非敌　167

第三章　中流砥柱　172
老将出马　172
李光弼其人　176
战吐蕃　180
单骑退回纥　184

第四章	完美的人生	188
	仁爱厚德	188
	大智慧	193

第四篇　牛僧孺——人在江湖

第一章	生逢乱世	201
	出仕	201
	先抑后扬	206
	艰难辅政路	209
	姑且养之	213

第二章	独善其身	217
	皇帝的密谋	217
	贬谪	222
	地方任上	226
	所作所为	230

目录
Contents

第三章　　正道沧桑　　235
　　风波　　235
　　再沉浮　　240
　　唐武宗　　243
　　光辉末路　　248

第四章　　生前身后名　　252
　　思想与主张　　252
　　牛僧孺其人　　257

第一篇

长孙无忌
——凌烟第一臣

永徽六年十一月，唐高宗李治正式册封后宫妃子武氏为大唐皇后。曾是唐太宗李世民后宫才人的武氏穿着华丽的朝服，面带端庄得体的笑容，接过大臣李　呈上的皇后印玺。

人群中，宰相长孙无忌一言不发，他看着文武百官或真诚或阿谀地向帝后道贺，突然感到身心俱疲。他知道自己已经成为权力场上的失败者，高宗的弃卒，武后的眼中钉，从今而后，他再也不会有一人之下万人之上的生活，等待他的将是不可避免的死亡命运。

他是李世民的影子，注定要被埋葬在那个已经逝去的贞观时代。

第一章
相识于少年

关陇集团,从北魏末期开始成型,是盘踞在中国西北的贵族集团,宇文泰、杨坚、杨广、李渊都是其中赫赫有名的大人物,从西魏到北周、隋朝、唐朝,中国历史的起伏就由这个集团主导。长孙无忌,正是这个集团的后代,高贵的出身,良好的教育,注定了他必将有一番作为。

年少时代,长孙无忌结识了影响他一生最重要的朋友李世民,在风云变幻的时局中,他跟随李世民,牢牢地把握着自己的人生,并成为李世民心目中最依赖的部属,最信任的亲人。

贵族少年

日升月落,涛走云飞,白发渔樵可在江边闲话天下大事,王侯将相却早已尘归尘,土归土。奸贤善恶,是非黑白,只有后人能在横向与纵向的历史中,细细考量,给出相对公允的评判,当事人"身在此山中",面对的却是一个接一个的岔路口,一念之间就可让今后的人生千差万别。富有天下的帝王如此,那些位高权重的将相臣子同样如此。他们面对的是风云莫测,成败兴衰,国计民生,社稷存亡,身家性命……位置越高,他们的决定越有分量。他们的思考、权衡、决策,都是性格与智慧的融合。

大唐帝国的开国功臣长孙无忌,是唐太宗李世民最为宠信的臣子。长孙无忌与李世民相识于少年时代,一生跟随李世民建功立业,君臣之分从未有隔阂,直到李世民去世,还在感念长孙无忌的功劳与忠心,"我有天下,多是此人之力。"这样的长孙无忌也曾是个在书斋里翻阅一卷卷古籍,思考古今之事、君臣之道、国家之治,遭遇人生之困惑的少年。这位少年胸中自有一番宏图大志,但那时候他绝对想不到千载之后,后人在他身上看到的不只是一位重臣,还有一位率性睿智的君王,一段曲折多变的历史,一个风起云涌的时代。

长孙无忌,字辅机,出生于隋朝开皇年间。在中国历史上,隋文帝杨坚结束了三百多年的分裂局面,重新缔造了统一国家。在隋文帝兢兢业业的治理下,"开皇之治"取得了丰硕成果:内政清明,外战连连告捷,隋朝国力有了巨大提高,一时间海晏河清,四夷宾服,饱受战火摧残的人民终于享受到来之不易的和平,安居乐业。

长孙无忌就出生在这样一个欣欣向荣的年代,他是一位名副其实的贵族子弟,他的家庭与曾盘踞在中国北方的诸多政治集团有千丝万缕的关系。长孙无忌的先祖原姓"拓跋",鲜卑血统,是北魏拓跋王室的后裔。雄才大略的北魏孝文帝于公元495年迁都洛阳,推行汉化,提倡穿汉衣、说汉话,建立以汉文化为基础的政治、文化制度,鼓励鲜卑贵族与汉族通婚，并带头将自己的姓氏"拓跋"改为"元"，一大批鲜卑贵族都开始使用汉姓，长孙无忌的先辈正是在这个时候，将自家姓氏改为"长孙"。

再后来，北魏衰落，权臣们立北魏皇族后裔为傀儡皇帝，分裂为东魏和西魏，再之后，权臣废掉元氏皇帝，建国北齐和北周。公元577年，北周武帝宇文邕灭北齐，统一北方。不过几年，北周外戚杨坚篡权，于公元581年建立隋朝，并完成南北统一。在这个过程中，长孙家的后代以勇武善战，奠定了家族的地位。

长孙无忌是贵族后裔。长孙无忌的父亲长孙晟，本为北周贵族，他骁勇机变，既有沙场克敌之勇武，又有以静制动之谋略，在北周、隋朝对抗突厥的过程中发挥了重要作用，因功封为右骁卫将军；再说说他的母亲，长孙无忌的母亲高氏是北齐宗室的后裔，其父也曾在北齐任高官，北齐灭亡后入北周、再入隋朝，一直担任朝廷官吏。

公元609年（隋炀帝大业五年），长孙晟去世，长孙无忌与妹妹尚年幼，高氏独自抚养两个孩子，备感艰辛。幸好有高氏的哥哥高士廉怜悯妹妹丧夫、长孙兄妹年幼丧父，将他们三人接入自己家中，对他们格外厚待。高士廉时任隋朝治礼郎，他品性端方，学识渊博，在朝廷上朋而不党，具有很高的威望，这位正人君子把教育妹妹这一双儿女视为己任。

正因如此，长孙无忌虽然是将门后代，从小受的却是舅舅的文官教育，过的是书斋生活。他勤奋好学，经史子集无所不读，但他并没有诗词歌赋的细胞，也不想走文人入仕的路子。对未来，他心中自有一番打算，这既来自祖先的高贵血统、父亲长孙晟的赫赫功绩，也来自他博览群书后做出的思考。他更多地留意考察历代政治的得失，特别是法律方面的种种知识。这种偏好也决定了他今后的道路。

与长孙无忌一同进入高士廉家的还有他的妹妹，这个年幼的女童小名"观音婢"，父亲死后，与母亲、哥哥相依为命，兄妹感情自是非比寻常。北方经历了几百年的胡化，加之关陇集团一向看重女子的地位，观音婢也被舅舅悉心教育，和她的哥哥一样读书识字，每每有不凡的见解。高士廉偏爱这一对聪慧的兄妹，事事为他们考虑，所以，这对幼年丧亲的兄妹并未失去家庭的温暖，反而因舅舅的因材施教而日渐显得出类拔萃。

人以群分，长孙无忌这样的名门后代，自然免不了认识一些贵族子弟。隋朝的贵族子弟们成分复杂：隋朝王室是关陇集团的后代，隋文帝能够奠定大一统基业靠的也是关陇贵族们的鼎力支持；此外还有北齐贵族；隋朝灭掉陈国后入仕的南方贵族；隋朝建立后培养的文臣武将，等等。隋朝是北方王朝，又扎根于北周，一向有尚武风气，贵族子弟们平日游玩的内容，不外乎骑射游猎，舞枪弄棒，长孙无忌显然不擅长这些，但他这个喜欢读书的公子哥，偏偏交了个英气勃发、擅长骑射的好朋友。

此人名为李世民，是关陇贵族后代，曾祖李虎是西魏八柱国之一，祖父李昞是北周唐国公，父亲李渊为隋朝高官，更是隋文帝的皇后独孤氏的外甥，与当今皇帝隋炀帝杨广为姨表兄弟。李世民从小文武双全，爱交朋友，与长孙无忌尤其投缘。这件事被高士廉看在眼里，高士廉见李世民龙章凤姿，不由动了一番心思。

古代父母最担心两件事：儿子当官，女儿出嫁，这两件事关系到孩子的终身幸福，但凡有些本事、有点门路的父母，都会想尽办法为儿子的仕途铺路，为女儿选个好婆家。高士廉对长孙兄妹视若己出，自然时时为他们考虑。长孙无忌是名臣后代，朝廷自会照顾，所以关键问题就是替长孙家的女儿找一个好丈夫。高士廉左看右看，认定李世民是上上之选。高士廉看重的不仅仅是李世民的家世，更是欣赏少年身上的大气和韬略，这样的人今后必然是人中龙凤，既能让外甥女妻凭夫贵，又能让外甥今后的仕途多一个强大助力，可谓一举两得。

外甥女的出嫁年纪刚到，打定主意的高士廉就开始张罗这门婚事。按理说，李渊本应为二儿子选择家世更好的贵族小姐为正妻，而不是一个失去父亲、无权无势的长孙小姐。但事有凑巧，此时的李渊恰好是人生最落魄的时期：隋炀帝杨广忌惮李渊的家世与能力，总疑心李渊会造反，想找机会收拾这个亲戚，李渊为了活命，每天不是躲在家里装病，就是以吃喝玩乐掩人耳目，儿子的亲事，自然也不敢太惹眼。他敬重高士廉的为人，相信他教育出来的女孩必然知书达理；又见李世民与长孙无忌亲如手足，当下乐见其成，将这门婚事定了下来。

公元613年，李世民与长孙氏完婚，长孙氏端庄聪慧，是个标准的贤内助，少年夫妻，伉俪情深。而李世民与长孙无忌的"亲上加亲"，更是犹如一家人一般，再无半点隔阂。从此，长孙无忌的一生都与李世民结下了不解之缘，即使风云动荡，人事变迁，也从未更改他们之间的亲密关系。也正是因为这样的机缘、这样的亲密，使长孙无忌成为隋唐史上一个特殊的人物，他见证了唐朝诞生、初唐发展的全部历史。

南征北战

人生的第一步，往往是由父母、由师长、由环境决定的，而接下来如何走，却要靠自己的思考，否则便只能听凭他人安排，随波逐流。长孙无忌从懂事起，便是一个有主见的人，他并不喜欢出风头，他只是牢牢地控制着自己的选择权，这也许得益于他的博学多闻。

从少年时代到青年时代，没有过仕途经验、人生经验也并不丰富的长孙无忌，却无师自通般学得了深思熟虑，懂得谋定而后动。他也是个有理想有抱负的人，但却不急于寻找机会去证明自己的能力，反而在其他贵族子弟纷纷从军从政之时，继续躲在书斋里研究那些艰深的古籍，对未来，他有他的考虑。

此时，隋朝统治就面临全面解体的危机，隋炀帝杨广不断征伐高丽，搞得国内民怨沸腾，起义声浪接连不断。这位好大喜功的国君在这种情况下非但不知悔改，还不断地征税、修长城、巡游江南，让人民的负担更加沉重。长孙无忌目睹了一个帝国怎样在短短十几年时间，由繁盛统一到分崩离析，只觉触目惊心。昨日还看得到长安城火树银花的盛世景象，今日便置身于风雨飘摇之中。

全国各地都有起义军的影子，偌大的帝国已经处于四分五裂的边缘，官兵们还在四处剿匪，百姓们却已在起义领袖的带领下占山割地，称霸一方。有武力的人加入起义军想趁机建功立业；有谋略的人投靠自己看中的头目想一展身手，时代的洪流中，每个人都在寻找自己的机会。长孙无忌的好友兼妹夫李世民，跟随父亲李渊在太原起兵造反。

李渊一面写信给当时威望最高的起义军领袖李密，表达自己对对方的忠诚；一面派手下以重金贿赂突厥人；一面举起义旗，宣布反对隋炀帝。做事如此老辣周到，可见隋炀帝平日对李渊的疑心一点都没看错。眼看朝廷大势已去，隋炀帝甚至躲到了江都，根本不敢看朝臣们递上来的奏折，也不敢听隋朝军队兵败的消息。隋炀帝的皇后萧氏甚至对大臣说："事已至此，不要再告诉皇帝了，只会让他更烦恼。"

隋朝这座大厦眼看就要倒塌，不想被砸死的人纷纷寻找出路。长孙无忌不愿当"忠心臣子"，陪着暴虐的隋炀帝一起送死。和平日的深思熟虑不同，他毫不犹豫地求见李渊，表达自己愿意为李渊效力。真如古书所说的"静若处子、动若脱兔"。李渊正是用人之际，当即授予长孙无忌"渭北道行军典签"一职，这是个不起眼的官职，但长孙无忌的目标不是李渊所给的官职。

长孙无忌知道李渊的志向，造反是一条不能回头的道路，李渊必然要成为一国之君，而李渊的嫡子、李世民的哥哥李建成便是日后的继承人。但长孙无忌毫不犹豫地跟随了自己年少时的好友、也是自己的妹夫李世民。在这双重关系下，长孙无忌似乎没有其他选择，但前途未卜之时，这种选择无疑给了李世民一剂定心针，在此后漫长的岁月里，不论李世民手下有多少能臣猛将，能让他全心全意信任的，始终只有长孙无忌。

若干年后，已经成为帝王的李世民常常在宫中和老大臣们一起喝酒跳舞，其中，长孙无忌跟随他最久，他们总能在彼此熟悉的动作和眼神中，回味那一段南征北战的岁月：

太原起兵后，李渊带着人马前往长安，一路攻下霍邑、龙门、河东……年轻气盛的李建成、李世民是起义军的主力，取得了一次又一次艰难的胜利；

公元617年（大业十三年）十一月，李渊攻下长安，立代王杨侑为帝，尊隋炀帝杨广为太上皇，自封为唐王，主管长安一切政治军事行动；

公元618年，隋炀帝的手下宇文化及带头造反，隋炀帝被杀，隋朝覆灭；

同年，李渊在长安登基，建立唐朝，改元武德。立长子李建成为太子，二子李世民为秦王，四子李元吉为齐王。李渊以李世民为统帅，积极准备着统一全国；

公元618年年底，李世民奉命征讨割据甘肃的薛举，这也是李世民独立军事行动的开始。李世民是个遇事喜欢找人商量，听取各方面意见的人。一开始，他商量事情的对象只有长孙无忌。他巨细无遗地与长孙无忌探讨如何行军，对手下将领的看法，对各地局势的看法，他们交换彼此的意见，分享胜利的喜悦，并惊喜地看到，秦王的队伍一天比一天扩大，房玄龄、杜如晦、尉迟敬德、程知节、段志玄、屈突通、殷开山、张亮、侯君集、张公谨……这些人有的是李世民在民间搜罗而来；有的是倾慕李世民的大名前来效忠；有的是被李世民打败后被重用；还有人在战场上见李世民英武不凡，直接倒戈投诚。

在这一时期，李世民和长孙无忌都显示出了各自的性格特点。

李世民是个天生的领导者，他锋芒毕露，精力充沛，渴望建功立业。在自身的优越条件下，他更有宽大的心胸和容人的肚量，随时注意吸纳人才，礼遇人才，他看到一位人才，必然诚心诚意地请对方为自己做事，如果对方不愿意，他也不勉强，反而会赠送金银给对方作为傍身的盘缠，不会在对方拒绝后使诈暗算。他的光明磊落，在乱世之中大得人心，才使得手下的文臣武将们死心塌地为他效命。

长孙无忌和李世民正好相反，他稳重内敛，办事周密，亦步亦趋地跟随李世民，就像是李世民的影子，在李世民的光环下，人们几乎注意不到这个幕僚的存在。而长孙无忌也安于现状，既不强自出头，与人一争长短；也不因自己与李世民关系亲密，而打击那些对自己无礼的文员武将，他的低调态度，不但让李世民大为满意，也得到了其他人的尊敬。

从唐武德元年（618）一直到武德七年（624），李世民与长孙无忌在南征北战中度过了他们的青年时代，在这七年里，李世民已经成为声名斐然的秦王，长孙无忌依然是名不见经传的幕僚。在这个过程中，长孙无忌愈发像李世民的影子，他为李世民殚精竭虑，与李世民一起听取谋士们的意见，处理行军中遇到的种种问题，一切行军命令，一切军事机密，李世民的一切心事，都在长孙无忌的掌握之中。长孙无忌的名声远远不如房玄龄与杜如晦，他更不能像尉迟敬德等人那样伴随李世民征战沙场，但李世民明白，他的每一个决定都包含了长孙无忌的智慧，每一次胜利都有长孙无忌的心血。

李世民的战功丰硕傲人。当时唐朝敌人无数：河南的王世充，河北的窦建德，山东的徐元朗，长江流域的萧铣，盘踞河东与突厥人勾结的刘武周……这些强大的敌人，除了萧铣被唐朝将领李靖平定外,其余势力几乎都由李世民消灭。随着江淮一带的杜伏威、辅公祏被平定,大唐一统天下,分裂的国家终于重新统一,和平终于再次来临。

当李世民带着威武的军队、带着丰厚的战利品、带着驰名天下的美誉回到长安,接受李渊的封赏与赞扬,长孙无忌却忧心忡忡,他从李渊复杂的神态中,从太子李建成与齐王李元吉敌视的目光中,从满朝文武暧昧的恭贺中,看到了近在咫尺的危机。

李世民的危机

回到长安,李世民和长孙无忌同时意识到,这里是更加危险的战场。

按照皇室向来的传统,皇太子是国本,不宜外出行军,所以,在大唐开疆扩土的过程中,太子李建成一直在长安帮助父亲李渊处理政事,军事功劳最大的人是秦王李世民。看到二儿子屡战屡胜,唐高祖李渊大喜过望,不断提高李世民的地位,从秦王到太尉、尚书令、司徒,最后又被封为天策上将,甚至破天荒地允许李世民设立自己的天策府招揽臣属——这是太子才有的待遇。但李渊在封赏李世民的同时,仍然推重太子李建成。

长孙无忌老到,他看得出来李渊不希望伤害父子间的感情,不希望两个儿子反目成仇。这种调和无疑是失败的,一方面太子李建成感到了巨大的威胁,一方面那些对李世民忠心耿耿的部下们见李世民功勋卓著却要居于李建成之下,都在愤愤不已。长孙无忌更担心的是,李渊已经年老，一旦李建成继承王位，他怎么能允许自己的弟弟有这样庞大的势力？

这种担心是对的。李世民回到长安没多久，太子李建成与齐王李元吉就勾结在一起，伺机对秦王府下手。李建成并非无用之人，他在长安将政事掌管得井井有条，他也是个懂得招纳人才的人，手下有不少谋士和武将。恰好此时河北刘黑闼叛乱，他便亲自请缨，平定了河北地区。在不断积累政治资本的同时，他又不断笼络李渊身边的臣子和后宫的妃子，使李渊耳边总能听到旁人对太子的颂扬。

太子府不断打探秦王府的一举一动。李世民让车骑将军张亮去洛阳，广泛地结交当地豪杰。张亮办事得力，在河南、山东一带为秦王交下了不少"好朋友"。这件事很快被李建成和李元吉知道。李元吉立刻到李渊面前状告张亮想要造反。李渊自然不能允许有人心怀异志，命人抓来张亮严加审问。张亮在监狱里被打得皮开肉绽，受尽苦刑，但他是个硬骨头，就是不供出李世民的名字。

秦王府草木皆兵，时时提防太子的行动。李建成并不真想害死李世民，他只想剥夺李世民的权力，分散他的人手，让他孤掌难鸣。他向李世民的手下尉迟敬德送了一大车金银，试图"挖角"，被尉迟敬德婉言谢绝；李建成又不断将秦王府的人调到外地，李渊对此睁一只眼闭一只眼，李世民眼睁睁看着人才流失，毫无办法。

秦王府的人急得如热锅上的蚂蚁，文员武士们心里都有一个念头，但谁也不敢第一个说出来。当今之计，唯有劝李世民先发制人，杀掉李建成和李元吉，逼李渊立自己为太子，或者干脆直接夺权登上皇位。谋划造反，挑拨父子兄弟关系，威胁国家安全，条条都是死罪。谁敢去提这种大不敬的建议？

　　所有人都在嘀咕，秦王府的智囊头子房玄龄偷偷跑到名不见经传的长孙无忌家里，对长孙无忌说："秦王和太子间的怨恨已经成形，再也无法更改，一旦祸患发生，不但秦王府不能保全，社稷安危也会动摇，不如劝秦王行周公之事，以保全国家。事关存亡，不能犹豫！"周公之事，指的是周公曾经杀死自己的兄弟管叔、蔡叔。这话不去和李世民说，却来找长孙无忌商量，可见房玄龄深知长孙无忌的分量。

　　长孙无忌一向主张冷静，不做没把握的事。他看上去是个守成持重之人，但在关键时刻却往往果敢善断。他当即说："我早就有这个意思，只是不敢开口。既然你也是这个心思，那么我立刻就去劝说秦王。"当下二人会同杜如晦，一起去找李世民。

　　李世民何尝不知道情况险恶，但一来顾忌着父子兄弟之情，二来又掂量自己的实力并不如太子府，三来他这个人特别在乎个人形象，不想留下"残害手足"的名声，所以一直犹豫不决。长孙无忌反复陈述利害，他最了解李世民，说的话字字入心，李世民一向了解长孙无忌的缜密，如今他开了口，又有房、杜二人在旁劝说，就知道事情再也没有回旋的余地。

　　但造反是件大事，李世民依然下不了决心和狠心，他一犹豫，太子府又有了新动作。李建成早就调查过李世民的家底，他对李元吉说："秦王府只有两个人需要忌惮，就是房玄龄和杜如晦！"很快，李建成借故调走了房、杜二人，李世民失了左膀再失了右臂，这时候，只能庆幸长孙无忌从来就不露头角，才躲过了李建成和李元吉的虎视眈眈，让他身边始终有个可靠的谋士。

到处都有监视的耳目，李世民只能在秦王府闭门不出，长孙无忌在这个时候不辞劳苦，偷偷与那些被调到外地的文员们联系，充当了秦王府的情报员和统战部长，传达李世民的意思，又将众人的意见汇总给李世民。长孙无忌看得明白，双方都在暗地里搞小动作，不肯起正面冲突，但时间拖得越久，太子府势力越大，秦王府实力越弱，局面越有利于李建成。在正史上，这一段历史还有若干小插曲，如李建成、李元吉安排李世民骑劣马差点摔死李世民，设计李世民喝毒酒让李世民吐血数升，等等，这些细节应该是史官们为了维护李世民的形象，故意抹黑李建成和李元吉，不足为信。但局势的剑拔弩张却是真的。

唐武德九年（626）农历六月，大唐的老对手突厥趁着唐朝还没站稳脚跟，带着军队越过长城，想要直攻长安。李世民很想借着抵御外敌的机会带着一批手下离开长安，但李建成哪里肯给他这个机会？他启奏李渊，以李元吉代替李世民出征，还命李世民的心腹武将尉迟敬德、段志玄、秦琼、程知节等人一同前往。

消息传来，李世民和长孙无忌叫苦不迭，秦王府的重要文士几乎被李建成调空了，如今李元吉又要带走李世民身边的武将，这件事倘若施行，李世民就再也没有还手余地，只能任人宰割。长孙无忌见情况紧急，连忙派人偷偷给房玄龄和杜如晦送口信，让他们务必赶回秦王府商议大事。

公元626年6月29日，太白金星出现在天空，古代人认为这是"变天"的预兆，处于政治旋涡的长孙无忌等人，预感到大事即将发生。长孙无忌和仍留在秦王府的幕僚们苦劝李世民下定决心，李世民仍在迟疑，尉迟敬德大声说："事情已经到了这个地步，大王还在犹豫不决！人都是怕死的，您如果不行事，请允许我立刻逃跑，以免被您连累！"长孙无忌推波助澜，也说道："尉迟敬德说的没错，如果您还不下决心，那么我也会和他一起逃亡，不留在这里等死！"

见属下们如此，李世民终于下了最后的决心。

626年7月2日，李世民率兵于皇宫北门玄武门杀死太子李建成、齐王李元吉，逼迫李渊下诏诛杀二人子女、亲信。三日后，李渊再次下诏，立李世民为皇太子，宣布所有国家大事由太子全权处理。这就是唐朝历史上著名的"玄武门之变"。

政变前后

直到李建成、李元吉人头落地，李世民向李渊"认罪"，得到李渊的"原谅"，父子二人抱头大哭，皇帝、大臣、太子府的余党都被李世民控制，长孙无忌悬着的心才终于踏实地落回原处。政变前的每一天，长孙无忌日不能眠，夜不能寐，竭力为李世民操持王府内外事务，在"玄武门之变"中，他无疑是首功之臣。

长孙无忌首先提出了政变建议。在太子府咄咄逼人之际，长孙无忌不避嫌，不畏险，第一个提出政变建议。特别是在房玄龄、杜如晦等文臣被外调之后，李世民只剩长孙无忌一个亲信在身边。此时，长孙无忌的决定无疑会对李世民的决策产生巨大的影响。李世民本就犹豫，如果长孙无忌打了退堂鼓，必定影响秦王府的士气。而长孙无忌毫不动摇，一而再、再而三地劝说李世民，促使李世民下定决心。

长孙无忌是政变的筹划者之一。7月1日当天，李世民突然被李渊召见，李渊面色严肃地递给李世民一份奏折，奏折是负责观星象的天文官员傅奕写的，说太白金星出现在秦王的封地上空，这代表秦王即将拥有天下。李世民大惊失色，他当即向李渊陈述自己的忠心与孝心，并毫不客气地指责李建成和李元吉陷害自己，还趁机丢了个重磅炸弹，指控李建成与李渊的妃子私通。李渊决定第二天叫来三兄弟，当面审理此事。

所谓私通纯属不实指控，一旦三堂会审立即就会穿帮，李世民知道事不宜迟，决定马上发动政变。长孙无忌脚不沾地地忙碌，一面不断派人去外地叫回"自己人"，一面又动员秦王府的士兵，一面又联络外援，以增加政变的胜算。当晚，秦王府偷偷召开作战会议，确定明日在玄武门伏击李建成和李元吉。长孙无忌从头到尾参与了决策。

长孙无忌是政变最重要的参与者。7月2日，李世民带着长孙无忌、尉迟敬德、房玄龄、杜如晦、宇文士及、侯君集、程知节、秦琼、段志玄、屈突通等人守在玄武门外。玄武门的守将常何原是李建成的心腹，现在却已经被李世民收买，将会为他们打开北门。当李建成和李元吉带着队伍出现，李世民一箭射死李建成，尉迟敬德结果了李元吉的性命。

身为文员，长孙无忌亲自骑马陪伴李世民走上最险要的战场，这自然让李世民铭记于心。而且，长孙无忌的舅舅高士廉也发挥了重要作用。他打开监狱，对犯人们许下重赏，当太子府与秦王府的人马相互厮杀时，这批人又为秦王府增加了一分力量；当太子的亲信们看到李建成已死，立刻调转马头围攻秦王府，想要为李建成报仇。秦王府的精锐部队都在李世民身边，来不及赶来救援，是高士廉沉着地指挥秦王府的卫兵们挡住一波波的攻势。李世民的妻子、长孙无忌的妹妹长孙氏也亲自出面，鼓励士兵们奋勇杀敌。

可以说，这场政变从开始到结束，由长孙无忌一力促成，并参与了每一个关键的步骤。李世民是果敢之人，唯有政变一事，因为涉及了手足相残，一向重感情、重形象的他进退两难，不知如何是好，这时候最亲近的人的推动，无疑为他减少了负担，增加了底气。正因为如此，在他心里长孙无忌的功劳始终最大，其他臣子尽管有南征北战、运筹帷幄之功，却始终要排在长孙无忌后面。

长孙无忌对李世民的感情也是复杂的。他明白他与李世民是一个利益共同体，李世民倘若被太子除掉，其他人尚有一线生机，而他这个李世民的内兄、心腹肯定难免身首异处。所以，在政变问题上，他没有其他选择，只能劝说李世民往前走。在李世民犹豫的时候，他必须推着拉着李世民往前走。但是，这种推动又不仅仅是考虑他个人的利益，对李世民长久以来的忠心，也让他处处为李世民的未来考虑，他明白，在当时形势下，李世民只有这条路可走。

长孙无忌了解李世民的雄才大略，李世民一次次出征打败大唐的敌人，一再扩充大唐的版图，为的不是待和平之日到来时，甩手做个亲王。他真正的梦想是亲自治理这个庞大的国家，在史书上留下千古一帝的美名，这才是李世民内心深处最隐秘的想法。

而长孙无忌本人，他看到过隋朝盛世的海晏河清，看到过隋炀帝暴政下的民生凋敝，看到过战场上生灵涂炭，他饱读经史，自然也有自己的一份抱负。他和李世民志同道合，目标一致，他们和在太原起兵的李渊一样，选择的是一条注定不能回头的道路。在这个过程中，长孙无忌更沉着、更坚定，他成了一向主动的李世民的推动者。

而且，长孙无忌对自己的地位有相当的认识。尽管多年来他默默无闻，但秦王府的人却都知道他的重要性，在关键时刻，他必须起到表率作用，还要起到枢纽作用，紧紧地将秦王府的追随者与李世民联系在一起，让他们知道一荣俱荣，让他们没有临阵脱逃的机会，直到尘埃落定。

所谓心腹，不但要"知心"，还要"得力"。长孙无忌正是这样一个能人。

就在玄武门之变的两个月后。公元626年9月4日，李世民登基，尊李渊为太上皇，李渊迁宫太极殿。

公元627年，李世民改元"贞观"，长孙无忌的人生即将翻开新的一页，大唐历史也将翻开"贞观之治"的辉煌篇章。

第二章
贞观大业

经过惊险的玄武门之变,李世民终于登上至尊之位,长孙无忌的人生也进入了一个全新的阶段。当李世民已是九五之尊,不再是昔时情同手足的朋友,长孙无忌会如何自处,保持君臣间的情谊?在人才济济的朝廷,他又如何保有自己的一席之地?

乱世需要谋士,治国需要能臣,长孙无忌将用自己的缜密心思、高超能力证明自己既有辅佐之能,又有治国之才。且看长孙无忌如何辅佐李世民开启贞观大业,谱写盛世序章。

任亲与避嫌

从李渊手上接过全国政事的那一刻,李世民铆足劲头,要做一个好皇帝。

一来,开创一个太平盛世是他长久以来的梦想;二来,他的权力来得"名不正言不顺",为了让百官、百姓承认自己,他更要做出成绩。对于治国大计,他还没有成熟的、系统的打算,但那不是当前要务,首要任务是控制政府,不让自己的权力落空。

在李世民接掌军政大权之初,朝廷上的大臣分为四类:

第一类,皇帝党。这是一批跟随李渊开国创业的老大臣,包括裴寂、萧瑀、陈叔达、封德彝等人,还有李渊建都长安后亲自提拔的百官僚属。对老大臣们,李世民明白他们劳苦功高,不能轻易发落,就实行"表面尊崇,暗地削权"的方法,而原来政府的要员,李世民也全部换为秦王府的人,直接架空了李渊的政府,让自己的老爹再也没有和自己竞争的机会。

第二类,太子党。李建成当了七年太子,国事娴熟,党羽也不少。李世民对这类人的态度是能杀就杀,能降就降。在太子的人马中,一个叫魏徵的大臣尤为引起李世民的重视,李世民质问魏徵:"我听人说,你曾劝前太子行刺我,你为什么要挑拨我们兄弟的关系?"魏徵毫不畏惧地回答:"太子倘若听我的话,又怎会有现在的下场!"李世民爱惜魏徵是个人才,直接收为己用。

第三类,中立党。这一类人人数也不少,且不能称之为"党",他们有的是前朝大臣,有的曾为其他起义领袖做事,这些人在建立唐朝的过程中虽有大功,却也因为能力高功劳大,很让李渊忌惮。李靖和李勣就是这类人的代表。在玄武门之变前,太子府和秦王府都想拉拢他们,他们婉拒了双方的邀请,严守中立,不参与任何政治战争。对于这类人,李世民重视他们的能力,却无法将他们视为心腹。

改组旧政府的过程,也是新权力的分配过程。李世民毫不吝啬地封赏了跟随自己的有功之臣们：房玄龄为中书令，高士廉为侍中，长孙无忌为吏部尚书，杜如晦为兵部尚书，尉迟敬德为右武侯大将军，秦琼为左卫大将军，程知节为右武卫大将军……

房玄龄和高士廉官职最高，是新政府的宰相。此外，李渊手下的萧瑀升为左仆射（相当于宰相）。李世民在改组政府之时并不急于扔掉父亲的原班人马，而是新旧混杂，让自己的人手分宰相的大权，同时对老大臣们施恩，一来震慑他们，二来希望他们为己所用。这种温和的方法取得了良好效果，不但李世民的功臣们得到了封赏，李渊的老大臣们也没被冷落，一个既有底蕴又有锐气的新政府顺利诞生。

显然，长孙无忌的官职不是最高的，但依然能看出，他就是李世民独一无二的心腹之人。

因为长孙无忌在吏部任职。

唐朝施行"三省六部制"，三省为"中书"、"门下"、"尚书"，六部为"吏部"、"户部"、"礼部"、"刑部"、"兵部"、"工部"。"吏部"是六部之首，负责全国官吏的任免、审核、升降，是政府的中枢部门。李世民想要最大限度地保证朝廷大臣对自己忠诚，就要从源头下手，让新上任、新升官的官吏们明白谁是他们的衣食父母，所以，吏部长官必须是自己的亲信，进而保证吏部提拔的官员能够效忠于新皇帝。

李世民将这个重要位置交给长孙无忌，可见他对长孙无忌的信任。

但他的这种信任，也为长孙无忌带来了麻烦。尽管在玄武门之变中，长孙无忌有重大功劳，但在政变之前，他只不过是秦王府的一个小文书，在李世民打天下的过程中，他并没有像房玄龄、杜如晦一般运筹帷幄、声名在外，更没有尉迟敬德等人刀头舔血得来的战功。他身上最显眼的，恐怕还是他的外戚身份，而外戚是一个政权必须警惕的危险人物。看看之前的历史，外戚专权这种事，几乎历朝历代都少不了。不过此时李世民正在兴头上，没有人想提这种煞风景的担忧，何况，一个小小的文书能有什么兴风作浪的能力？

事实证明，他们小看了长孙无忌。一个能够在政变之中运筹帷幄、一力促成李世民登基的人，能力怎么会弱？长孙无忌上任之初，便大刀阔斧地进行改革，精简了政府机构和人员数量，既节省开支，又提高办事效率，可谓一举两得。吏部的工作质量一提高，其他部门便有了优秀合格的官员，带动了整个国家机构高速运作起来。对一个新政权来说，这无疑是个喜人的局面。至此，无人再敢小觑长孙无忌的行政能力了。

李世民见吏部工作做得有声有色，不免夸耀自己"知人善用"，一年后便想将长孙无忌升为宰相。群臣听了不免嘀咕，但李世民铁了心要提拔自己的大舅子。此时的长孙无忌不但担任重要的吏部尚书，还被封为齐国公，并享有实封一千三百户。李世民的皇后长孙氏见兄长太得圣宠，连忙规劝李世民不要如此重用自己的哥哥，要汲取汉朝外戚专权的教训。长孙无忌也知道位高人愈显，上书表明自己不愿继续升官。兄妹二人越是推辞，李世民越是认为长孙无忌是万里挑一的好外戚，最后，长孙无忌被升为尚书右仆射，位居宰相之位。

在朝臣们看来，李世民此举难免有"任人唯亲"的嫌疑，长孙无忌是皇后的哥哥，又有如此高的地位，万一有不良企图怎么办？远的不说，就说近的，隋朝开国皇帝杨坚就靠着外戚的身份，篡了北周的大权。为什么皇上这么糊涂？不少大臣开始写奏折，轮番劝告李世民不要重用长孙无忌。李世民的反应是将这些奏折拿给长孙无忌看，表明自己根本不信大臣们那一套。他信任长孙无忌的能力，偏偏要"举贤不避亲"！

李世民的信任，让长孙无忌倍加感动，也给了他不小的压力。平心而论，长孙无忌对自己的能力并非没有信心，但他也深知在朝廷上，有很多比自己更优秀的人才，例如以"房谋杜断"闻名的房玄龄和杜如晦，不论能力还是功劳，都远远胜过自己。最重要的是，他的外戚身份太敏感了，李世民越是重用他，他就越会成为旁人的靶子。

长孙无忌又一次慎重地思考着自己人生的道路问题。他究竟应该继续做丞相，还是应该将这个位置交给其他人？长孙无忌的思考方向永远是务实的，他明白自己有今日的地位，靠的是李世民的信任，那么他最不能失去的，不是官位，是这份君臣间难得的信任。他是李世民的影子，李世民越是锋芒外露，他越要低调收敛。所以，李世民要重用他这个外戚，他自己理应懂得避嫌，既安抚了朝廷，也保全了君臣之间的感情。

长孙无忌郑重其事地向李世民辞职，李世民也不好继续任性下去。为此，李世民耿耿于怀。当年年底的祭祀，李世民命功臣裴寂和长孙无忌使用金辂，这是极高的恩宠，身为李渊老朋友的裴寂连忙推辞，李世民说："您是高祖的元老大臣，无忌是我的佐命之臣，能和他同乘的人，除了您还有谁？"话里话外，都在告诉朝臣们他对长孙无忌的宠信。

长孙无忌越是懂得避嫌，李世民越是要"任人唯亲"。贞观七年

(633)，李世民又动了给长孙无忌升官的心思，非要任命长孙无忌为司空。群臣又一次议论纷纷，长孙无忌又一次上表推辞，李世民干脆写了一篇《威凤赋》赐予内兄，表达自己称帝的艰辛和对功臣们的感激，定要与功臣（特别是长孙无忌）同甘苦，共富贵。

君王做到这个地步，长孙无忌知道自己不能继续推辞，这一次他顺了李世民的意思，他会用实际行动报答皇上的这份信任，在贞观大业中贡献自己的力量，缔造大唐最初的辉煌。

图录凌烟阁

在中国历史上，提到政治清明，人民乐业，国威远扬，谁也绕不过"贞观之治"。贞者，正也；观者，示也。李世民选定"贞观"二字为年号，就是想要行正道，以正道示人。

"贞观之治"是许多政治家的理想，"之治"远没有"盛世"的显赫，但"贞观之治"却不比任何"盛世"逊色。即使是对历史不熟悉的人，也能如数家珍地说出贞观时代的美谈和轶事，这些事的确能令国人骄傲，例如：

"君，水也；民，舟也；水能载舟，亦能覆舟。"这是唐太宗李世民的一句名言，也是贞观之治的施政纲领。李世民当上皇帝后，从隋朝的灭亡中汲取教训，把"民生"放在重要位置，推行爱民政策，这使他成为万人称颂的明君。

房谋杜断。唐朝历史上有许许多多著名宰相，房玄龄和杜如晦是其中的翘楚人物，房玄龄善于谋划，杜如晦善于决断，不论李世民遇到什么样的难题，房玄龄和杜如晦都能帮他解决，他就像多了两个大脑。

魏徵。魏徵的名字紧紧和李世民、贞观之治联系在一起，李世民赞魏徵是他的镜子，魏徵也像贞观时代的一面明镜。他正直敢言，屡次向李世民进谏，谏言内容从国计民生到帝王生活，无所不包。难得的是，李世民一一采纳。在魏徵的带领下，贞观朝的大臣们大多敢于直言，李世民也一一给予奖励。政治清明，成了贞观之治的代名词。

贞观之治奠定了唐王朝繁荣发展的基础。李渊的武德时代只有短短的八九年时间，这段时期，唐朝的主要精力在于开疆扩土，加上高祖李渊定都长安后，渐渐耽于享乐，纳了很多后妃，生了不少小王子，在治国方面，只是依从隋朝旧例，也不是特别精心。直到李世民继位，帝国的政府才开始从宏观上制定国家大计。贞观政府的成绩令人瞩目：

休养生息的固本政策。农业是国家的根本，贞观政府从执政伊始就爱惜百姓，不夺农时，不滥用民力。经过隋末农民战争，国内民生凋敝，在贞观政府的有效治理下，国力很快恢复，百姓安居乐业。

完善政府职能与制度。贞观政府一方面注重行政效率，一方面不断完善国家制度。三省六部制、均田制、府兵制、租用调制都继承了前朝智慧，汲取了本朝经验，成型、成熟并确立了地位，成为后世政府的范本。

君王本人的垂范作用。李世民严于律己、宽以待人，在从谏如流的同时，时时注意自己的一言一行，并崇尚节俭，免去四方进贡。上行下效，贞观朝从皇室到大臣，大多以节俭为美德，在百姓心目中有良好的形象。

君臣同欲，人才辈出。李世民是个慧眼识人的英主，他提拔的大臣文的廉而能干，武的健而爱国，又大开科举，不问人才出身，大力提拔寒门子弟。此外重视官吏质量，设立"黜陟使"巡察全国，考察各地官吏。大大提高了官员队伍的水平。

平定四方，赫赫战功。李靖、李勣、尉迟敬德、侯君集等一大批猛将，二十年的时间，他们平东突厥，平吐谷浑，平高昌，征薛延陀、龟兹、焉耆，一个个强大的对手被唐朝军队打得毫无还手之力，四夷降伏。李世民施行怀柔政策，对四方民族以教化为主，加以联姻，交流，互通有无，于是四方共尊李世民为"天可汗"。

此外，在文教、艺术、外交等多个方面，贞观朝也同样可圈可点。李世民重视教育，在各地建立学校，结合科举制度，读书蔚然成风；因为社会风尚自由，艺术方面百花齐放；在外交方面，四方少数民族仰慕唐朝威仪，纷纷来长安学习、居住，并为大唐带来新鲜的风气。大唐气象在无形中酝酿，只待有一天喷薄而出。

在贞观历史上，很难找出某一项决策来自哪一位大臣。贞观政府是历史上难得一见的政府，不但人才一抓一大把，还有个英明的领导，更难得的是，官员们齐心协力，为共同的事业奉献自己的一份智慧。所以说，贞观之治不是一个人的功劳，而是集体的成就。

李世民一生最得意的事有两件，一是和一群情投意合的部下一起平定天下；二是和一群臣子治理天下。那么，在这份事业中，长孙无忌主要做过什么工作呢？

长孙无忌是个清醒而务实的人，他是李世民的另一双眼睛，专门发觉李世民看不到的漏洞。贞观元年，突厥内部矛盾激化，不少大臣主张趁机出兵，除掉这个心腹大敌，李世民也跃跃欲试。这时长孙无忌冷静地提醒李世民，如今我们刚刚立国，根基尚浅，民生凋敝，不宜出兵。何况，当时唐朝刚刚与突厥订立和平条约，也不宜马上毁约，失信于人。李世民仔细一想，民生问题要比外战重要得多，当即打消了出兵念头，专心搞国内生产。李世民离不开房玄龄、杜如晦，离不开魏徵，也同样离不开始终为他打算盘的长孙无忌，所以贞观时期，长孙无忌一直受重用。

长孙无忌最大的功劳，是他对唐朝律法的重视。前文说过，长孙无忌从小的时候就喜欢研究律法，他认识到，贞观时期能取得这样的成绩，有赖于李世民的英明和大臣们的贤良，但纵观历史，这样的帝王大臣组合纯属凤毛麟角，想要让唐朝持续发展，不能寄望于李世民的子孙个个都像李世民，后代的大臣个个都是房、杜、魏、李，而是寄望于制度与法律。

长孙无忌认为法律的作用是制止犯罪，教育人民，推行正道。他在立法、量刑、诉讼方面都有自己独特的见解，并用十年时间亲自修订出一部《贞观律》，这成为大唐法律的基础。长孙无忌对法律方面从未放松，直到李世民去世，他作为顾命大臣辅佐新帝唐高宗，依然继续修订法律，修撰了《唐律疏议》三十卷。

由此也可以总结出长孙无忌的行政风格：务实，固本，崇尚制度和法律。长孙无忌走的并不是儒家的路子，他不讲大道理，不说废话，不争功劳，这样一个低调而能干的"外戚"，李世民越看越顺眼。不管过去多少年，长孙无忌一直在默默耕耘，并做出显著的成绩，李世民全都记在心里。世界上哪有无缘无故的宠信？长孙无忌的地位，靠的是他的成绩。

贞观十七年（643），李世民突然怀念起昔日与他南征北战的老战友们，在玄武门之变中与他同生共死的大臣们，这位重感情的帝王越想越觉得应该为他们做些什么。想来想去，决定找人画二十四张画像，将最重要的功臣们的容貌笑颜留在纸上，悬挂在凌烟阁，以供自己时时登阁怀念那一段峥嵘岁月，也让后世的人都知道这一段君臣佳话。

李世民按照功绩选出了二十四个人：赵公长孙无忌；赵郡王李孝恭；莱公杜如晦；郑公魏徵；梁公房玄龄；申公高士廉；鄂公尉迟敬德；卫公李靖；宋公萧瑀；褒公段志玄；夔公刘弘基；蒋公屈突通；勋公殷峤；谯公柴绍；邳公长孙顺德；郧公张亮；陈国公侯君集；郯公张公谨；卢公程知节；永兴公虞世南；渝公刘政会；莒公唐俭；英公李勣；胡公秦琼。二十四张画像由当时的画中国手阎立本亲笔绘制。

阎立本虽是青史留名的一流画家，他自己却痛恨这个身份，因为在唐朝，"画师"真是个微贱的职业。阎立本一心想当官，偏偏人们记住的只有他的画，所求非所得，是人生的无奈。除了举世闻名的画作《步辇图》，阎立本还做过一件利国利民的好事：他当黜陟使，在河南考察地方官政绩的时候，有人状告一个叫狄仁杰的官员违法。阎立本认真审查一番，发现狄仁杰非但没有违法，还是个清廉正直的好官员，于是顺手提拔了这个狄仁杰。——阎立本想不到，这个被诬陷的小官狄仁杰会是大唐未来的宰相。

此时的阎立本按照李世民的旨意，小心翼翼地绘制二十四位功臣的肖像，第一个要画的人是国舅长孙无忌，他曾在各种场合见过这位宰相，他不爱说话，似乎有点高傲不合群，让人不能亲近，但有的时候，又能和众人笑成一片。显然，这是个很有城府的人。阎立本蘸足了墨，开始勾勒长孙无忌的神韵。

在这里也说说长孙无忌的长相。长孙无忌很胖，和当时瘦骨伶仃的书法家欧阳询形成鲜明对比，每次他们两个一起上朝，总会让李世民和群臣忍俊不禁。一日，长孙无忌看看站在自己身旁拿着笏板的欧阳询，也忍不住笑了，写了一首诗"嘲弄"欧阳询：

"耸肩成山字，埋肩畏出头。谁家麟阁上，画此一猕猴？"

欧阳询不甘示弱，当即回了一首，"讽刺"长孙无忌太胖：

"索头连背暖，漫裆畏肚寒。只缘心浑浑，所以面团团。"

李世民听了后哈哈大笑，故意板起脸对欧阳询说："欧阳询，你竟敢这么说长孙无忌，不怕皇后听到吗？"

欧阳询机灵，立刻直起腰说："皇上在这里，臣不怕皇后！"

君臣三人笑个不停，这是贞观时代特有的君臣趣事。

为臣之道

贞观一朝，人才济济。

治国的文臣，卫国的武将，随便一数便是一串闪亮的名字。治国的房玄龄、杜如晦；打仗的李靖、李勣、侯君集；敢于直言的魏徵、马周、褚遂良……论功绩，这些人似乎都比长孙无忌高一些；论才能，这些人更不在长孙无忌之下,为什么李世民偏偏如此宠信长孙无忌?从史料上的前后记载来看,李世民对长孙无忌的信任与喜爱发自内心,丝毫没有虚假成分。作为一个臣子,长孙无忌可谓成功到了极点,他究竟是如何做到这一点呢?

君臣之道,也是本书要探讨的重要内容。在封建社会,政治是人治,是君王与臣子共同作用的结果。纵观历史,真正贤明有才的君王是少数,封建统治主要靠有能力的大臣们维持。大臣们需要借助君主的权力实现自己的政治理想,君主需要大臣的能力帮自己管理国家,而君主又对大臣有生杀予夺的权力——从本质来看,这是一种不平等的合作关系。

对爱读书的长孙无忌来说,"伴君如伴虎",这是他从小就知道的真理。历史上不知有多少受宠的功臣,因为妄自尊大而在顷刻间失去君王的宠爱;因为一句不过大脑的话引起了君王的怀疑;因为一个无意的举动让君王心生厌恶。臣子想要维护自己的地位,必须时刻小心。聪明的臣子懂得揣测君王的心理,迎合君王的意图,顺利达到自己的目的。忠臣的目的是国泰民康,奸臣的目的是一己富贵,往往祸国殃民。结果如何,在于君王能否明辨是非。

对李世民,长孙无忌自始至终恪守着臣子的分寸。他知道再开明的君王,内心深处也不喜欢被大臣指责。他从不像魏徵那样批评李世民,相反,他经常对李世民的决策表达发自内心的赞美。这种赞美并非歌功颂德,而是毫无异议,立即执行。有一件事很能说明长孙无忌的性格。贞观后期,魏徵等人早已逝世,李世民年纪渐老,又因自己取得的诸多成绩洋洋自得,根本不愿听人劝谏。上行下效,贞观时期

031

开明的政治风气也渐渐改变。长孙无忌察觉到这件事，但他和以前一样，凡事都顺着李世民的意思。

贞观十八年（644）的一天，李世民突然从众位大臣的奉承中回过味来，琢磨着自己并不是那么十全十美，于是对大臣们说："臣子顺从的多，直言的少，我很希望知道自己的过失，你们不妨直言。"长孙无忌和众大臣当即说："陛下没有过失。"又一次，李世民希望长孙无忌指出自己的错误，长孙无忌说："陛下英明神武，我等大臣只需要顺着您的意思，根本看不到您的过失。"李世民有点生气，说长孙无忌阿谀奉承，长孙无忌却面不改色。

尽管处处顺着李世民的意思，长孙无忌却很少被他人指责为阿谀领导的小人，一来他有能力，有成绩；二来在李世民犯错误的时候，他总能找到妥善的办法，令李世民收回成议。

李世民是个成功的帝王，也是个七情六欲旺盛的性情中人。对那些跟随自己的人，他总是尽量给予封赏。贞观十一年（637），李世民突发奇想，想要模仿周朝的"分封制"，他下了一道圣旨，宣布二十一位王室子弟，十四位大唐功臣从此为世袭刺史，领有封地。大臣们傻了眼，西周的分封制，最后变成了春秋战国大分裂，真不知皇帝是怎么想的！大臣马周和于志宁为人正直敢言，立刻上表请求李世民收回成命，李世民正在兴头儿上，压根不理睬他们。

事情难办，大臣们只好去找长孙无忌——难办的事只能找长孙无忌。长孙无忌见圣旨上被分封的功臣，自己列在第一位，也是头疼不已。他自然不会去李世民面前引经据典，大讲道理。送走了来商量事的同僚，他叫来自己的儿媳妇，也就是李世民和长孙皇后的女儿长乐公主,吩咐一番。长乐公主心领神会,当即进宫面见李世民。

李世民特别宠爱这个聪明美丽的女儿,看到她进宫不禁喜上眉梢。长乐公主拉着李世民话起家常,说着说着,就说到自己的公公长孙无忌接到圣旨,愁得吃不下饭,一个劲地感叹,"我一辈子跟着皇上,现在天下好不容易太平了,皇上却把我封到外地,这和贬官有什么区别!"李世民立刻听出了弦外之音,这哪里是话家常,分明是委婉的进谏。长乐公主一走,李世民就收回成命,让满朝大臣松了口气。

这就是长孙无忌式的劝谏,说得委婉,提得巧妙。正是这种恭顺,才让他既保持了臣子应有的正直,又让他和李世民始终处于和平状态。

长孙无忌的成功,还和李世民的个人素质有关。李世民并非昏君,他对长孙无忌也有公正的看法。在才能上,他知道长孙无忌"总兵打仗,非其所长",他给长孙无忌安排的工作,都与吏治、法律、人事相关,以发挥他的长处。他并没有因为宠信长孙无忌而耽误国家大事,而是因才施用,既保证长孙无忌的地位,又发挥了他的才能。

而且,李世民对长孙无忌的信任并不是没有道理。从少年时代,他和长孙无忌便志同道合,对人对事往往有相同的看法。在治国问题上,长孙无忌和他很少有分歧,他们的步调始终保持高度一致。这种一致并不是李世民说什么,长孙无忌听什么,在重要事情上,长孙无忌会把国家大局放在第一位,提出自己的见解——如前面说到的突厥问题。认同,却不是唯唯诺诺,事事都看皇上的脸色。李世民喜爱的,就是长孙无忌这种有原则的恭顺。

对待君王如此,在与其他大臣相处的时候,长孙无忌也很有分寸。长孙无忌不是一个喜欢出风头的人,他更愿意当个协助者,将"出头鸟"的角色交给别人去扮演。例如，在"玄武门之变"之前，他早就想要劝告李世民杀掉李建成，却等到房玄龄亲自来提议，他才带着房玄龄和杜如晦一起去规劝李世民。既得领导欢心，又让同僚满意，可见长孙无忌处事的圆融之处。

对待那些跟自己合不来的人，长孙无忌也有自己的办法。李世民宠信的武将尉迟敬德是个大老粗，最看不上满嘴诗书的文人。动不动就在朝廷上挤兑长孙无忌、房玄龄、杜如晦等人，长孙无忌心中有气，却不当"孤胆英雄"，他寻找、等待同盟者，见房、杜等人忍受不了尉迟敬德，这才缓缓表明自己的态度，并与他们联手排挤尉迟敬德，将他下放到湖北做个地方官。这也透露出长孙无忌的另一面：他并非事事公正的完人，有自己的喜恶之情，会利用自己的权力对付敌人。

长孙无忌官运亨通，原因绝不仅仅是李世民的格外宠信，更重要的就是他对各种分寸拿捏得当，一个有能力、值得信任、和同僚和睦相处，又从来不惹自己生气的下属，哪个领导能不喜欢？这就是长孙无忌恩宠不衰的秘密。

长孙兄妹的默契

在长孙无忌的升官过程中，他的妹妹长孙皇后也起到了重要作用。

长孙皇后对哥哥最大的帮助，在于她从不帮助哥哥。

长孙皇后是历史上最有名的贤后，她从小与长孙无忌接受舅舅高士廉的教育，成长为一位具有极高政治智慧的女性。提起这位皇后，多数人首先想到的是这样一幕喜剧场景：

一次，李世民又被魏徵批评，他气冲冲地回到宫里，刚进门就忍不住大骂："我早晚要杀掉魏徵那个乡巴佬！"长孙皇后没有宽慰丈夫，而是默默地退了出去。李世民正在纳闷，却见妻子穿着皇后的礼服走了进来，跪在李世民面前，兴高采烈地说："臣妾听说，为君英明，臣下才会正直。有魏徵这样的直臣，正说明陛下是位明主！臣妾向陛下道贺！"长孙皇后说的巧妙，李世民一腔愤恨不翼而飞，魏徵也因此保住了性命。

与长孙无忌一样，长孙皇后是李世民最初的支持者，一直以来的陪伴者，李世民对长孙皇后尊重礼遇，宠幸不衰。她便愈发恭谨，将李世民莺莺燕燕众多的后宫治理得井井有条，而且竟然让妃子们全对她心服口服。也许对长孙皇后来说，后宫的纠纷不过是小菜一碟，她的志向是做明君的贤后，她真正需要小心应对的，是她的娘家与君权之间的危险关系。

没有经过任何商量，兄妹二人采取了几乎一模一样的处世方式。他们同样在李世民的盛宠面前表现出谦虚与低调，长孙皇后知道帝王忌讳女子参政，她便杜绝一切干政的可能；长孙无忌在外朝，明白君王最忌惮外戚擅权，一切可能动摇皇权的事，长孙无忌一概不沾边。长孙皇后甚至会主动要求李世民降低对她娘家的赏赐，这一切，李世民看在眼里，记在心里。

但是，长孙皇后和长孙无忌一样，并不是只管自己享受的避祸之人，她对国家，对朝政，对丈夫的行事，同样有自己的看法。她会在李世民愤怒的时候转移火力，会在李世民需要建议的时候巧妙给予意见，会在李世民头脑发昏的时候及时劝止，她的这些行为都是在"干政"，但却让李世民感激，让朝臣赞颂，让后人敬佩，可见她同李世民、长孙无忌一样，都是成功的政治家。

唐贞观十年（636），年仅三十六岁的长孙皇后病重，李世民急火攻心，太子李承乾想要为母亲做佛事祈福，被长孙皇后拒绝。这位极有政治智慧的女性在临死之前，最担心的就是丈夫和哥哥。她希望找到一个方法，让二者能够减少嫌隙的可能，一直是互相依赖的共同体。为此，她对李世民说了三条遗嘱：一是希望李世民亲贤臣、远小人，千万不要弃用房玄龄；二是希望李世民不要重用她的家人，特别是不要给予长孙无忌太高的官职；三是葬礼要节俭。其中，第二条可谓煞费苦心。

长孙皇后是长孙家的后代，自然在意哥哥的身家性命、自己家族的兴衰。她眼见长孙无忌太过得宠，怕这种情况持续下去，会招来群臣的诋毁、君王的忌惮；更担心长孙无忌权势太盛，会因为贪恋权势做出不利于社稷之事，留下千古骂名。最好的办法便是让长孙无忌离开权力中心。长孙皇后用她最后的智慧保护着哥哥，长孙无忌自然明白妹妹的苦心，他们兄妹之间从小相依为命，感情非一般兄妹能比，更有长年以来形成的战友一般的默契。

长孙皇后去世后，李世民没有遵从皇后的第二条遗嘱，他怀念皇后，将皇后留下两个年幼的孩子带在身边亲自抚养，并且更加重用长孙无忌。若干年后，当长孙无忌又一次回想妹妹的遗言，他默默地感叹着妹妹那具有高度前瞻性的头脑，却无法改变长孙家覆灭的现实。

此时长孙无忌痛惜妹妹早逝,他更明白妹妹最担心的,莫过于她留下的几个孩子,妹妹自然希望她的三个儿子、两个女儿平平安安,特别是儿子们之间,能够相互友爱,不要再出现"玄武门"之类的悲剧。长孙无忌自然也希望外甥们相互扶持,希望太子李承乾能够顺利继位,李泰和李治安稳地做亲王。

但实际情况,却远远比长孙无忌想得更复杂,也更无奈。

第三章
太子的悲剧

贞观事业蒸蒸日上,国本问题逐渐吸引大唐君臣的注意,尽管李世民对自己的嫡子悉心培育,但太子之位却有重重风波,让人忧心忡忡。李世民心力交瘁,长孙无忌位置尴尬,进不能言退不能劝,只能看着一幕幕皇家悲剧在自己面前再次上演。

一面想为李世民分忧,一面想给自己留好后路,长孙无忌在这场皇位继承权的斗争中,究竟扮演了一个什么样的角色?他是否得到了自己满意的结果?

三个外甥

李世民和长孙皇后育有三子,长孙皇后走得早,长孙无忌时时留意外甥们的成长情况。龙生九子各有不同,这三个孩子,各有各的特点。嫡长子李承乾,八岁便被李世民立为太子,聪明可爱,不论学什么都一学就会，并说得头头是道，受到老师们的一致夸奖；老二李泰（在诸子中排行第四）才华横溢，写得一手好字，是李世民最宠爱的儿子；老三李治（排行第九）年幼丧母，李世民亲自带在身边抚养，他年纪尚小，性格软弱。

长孙无忌对三个外甥虽然关爱，但并不特别表现出来。他的身份是外戚，不宜与哪个皇子特别亲近。何况，他本身是太宗的心腹大臣，如果与太子接触过多，就会引来朝臣们的弹劾，甚至还会引起李世民不必要的猜疑。

而且，长孙无忌亲自参与过"玄武门之变"，他更是明白皇位继承人能否顺利登基，也要靠天时地利，在局势明朗之前，他应该静观其变，而不是早早显露自己的意思，与某个皇子交好，让其他可能继承皇位的皇子侧目。

从更深一层考虑，就算自己有中意的人选，以长孙无忌的稳重个性，他更不可能表现出一丝一毫的意思，他必须站在一个公允、不结党、一心为君王、为社稷着想的位置，李世民才有可能采纳他的建议，而不怀疑他有私心。

几番思考，长孙无忌便与三个外甥保持着最恰当的距离，在旁人看来，长孙无忌对李承乾、李泰、李治一直冷眼旁观，既不指导，也不维护，仿佛他和这三个人并没有亲密的血缘。长孙无忌却清楚地知道，不论对外甥们，还是对自己，这便是最好的态度。

长孙无忌一直认为，李承乾将来继承大统是件板上钉钉的事，绝对不会有波折。一来李承乾本人聪明；二来李世民下了血本培养太子，从小就给他找最好的老师，陆德明、孔颖达、李纲，个个都是当世大儒。一开始，李承乾靠着机灵的小脑瓜，和老师们侃侃而谈，博得了老师们的一致赞誉，李世民听说儿子如此出息，也认为江山后继有人。眼下，又让儿子开始学习处理政事，这无疑是一个好的开端。

好的开始只是成功的一半，成功的另一半却经常出问题。很快，李承乾进入了叛逆期。开始是李承乾生了几场大病，李世民为了儿子又是祈福又是求医，好一通忙碌。李承乾身体好了，腿脚却从此不灵便，每一次上朝都要乘轿，李世民看到这样一位储君难免叹息。偏偏长孙皇后早逝，没有母亲管教的李承乾越来越贪玩。

年轻人贪玩本不是什么大事，但李承乾是储君，他身边有李世民指派来的老师们。这些官员全都是贞观朝的骨干大臣，为人正直，敢于说话，看到李世民不对，他们都敢直接批评李世民；看到李承乾不对，自然不会对这位太子客气。李承乾今天被这个老师训，明天被那个老师训，难免激起逆反心理。其中，尤以于志宁和杜正伦为代表，李承乾稍微有点错误，他们一边苦劝一边报告给李世民，李世民听了又要对李承乾教训一通。

李承乾本是个聪慧勤恳的少年，因为丧母、生病、瘸腿、挨训、父亲要求太严等原因，愈发不肯上进。李世民对其爱之深，责之切，愈发对太子动辄训斥。李世民一面教训太子，一面又做了一件让李承乾更加反感的事：他对李承乾的弟弟李泰百般宠爱。

诸子之中，魏王李泰最得李世民欢心。

李泰长得胖胖乎乎，头脑聪明，言辞流利，雅好文学，尤其擅长写草书。李世民也是个风雅分子，又写得一首好字，没事不是找大臣们闲聊论史，就是开酒宴听歌跳舞。父子俩一见面就亲亲热热，有说不完的话，对这个儿子，李世民虽然不能立他为太子，却倾注了无边无际的父爱：

皇子年长需要去自己的封地居住，不能留在长安，李世民舍不得李泰，没让李泰走；

李泰喜欢文学，李世民就允许他开文学馆，自由招纳学士；

怕李泰住的地方不够宽敞，将芙蓉园赐给李泰；

李泰身材较胖，李世民怕他走路太累，特许他乘轿子上朝；

李世民走到哪里都要带着李泰，一天看不到李泰就想得不得了。

……

满朝文武都知道李世民最宠这个皇子，但长孙无忌却并不看好这个外甥。原因是李泰过于恃宠而骄，为人狂妄，对朝廷大臣缺乏起码的尊重。因为李世民太过宠爱李泰，习惯有话直说的大臣们难免上奏折，批评李泰奢侈，批评李泰狂妄，李泰听说后就找父亲大闹，认为朝廷大臣们欺负他。李世民爱子心切，将大臣们骂得狗血淋头，惹得魏徵大怒，在早朝时据理力争，逼得李世民最后不得不检讨自己太宠孩子……

这一切，长孙无忌看在眼里，但他并不担心朝廷会有变故。他看得出李世民虽然宠爱李泰，但仍然对李承乾不断教育，可以肯定，李世民不愿国本出问题。但长孙无忌忘记了，他的外甥并没有他的眼界，更没有他的思考方式。

对李承乾来说，李世民对李泰的宠爱无疑是火上浇油，他不明白同样是儿子，李世民亲自抚养李治，天天跟李泰亲热，对自己却总是板着一张脸。他越想越气，做事也越来越荒唐：他整天在东宫胡闹，找来一群小厮扮成突厥人玩骑马打仗；和伶人搞起了同性恋，传到满朝皆知；看自己的老师于志宁不顺眼，就派刺客半夜去杀他，见于志宁家徒四壁，刺客尊敬这是个清廉的官员，结果下不了手；更有甚者，他大放狂言说："有一天我要是当了皇帝，谁来进谏我就杀掉谁，杀个几百人，自然就没人敢说我了！"……这些事一件比一件荒唐，一件比一件更让李世民震怒，大发雷霆。

李世民在东宫大骂太子，又杀掉了李承乾的娈童，李承乾气得装病，竟然几个月不上朝，父子俩闹得不可开交。满朝大臣都不知道该怎么办，这一次，连长孙无忌也完全不知道该怎么办了，只能暗地里祈祷外甥赶紧长大。李世民一生气，乐坏了一直以来受宠的李泰。李泰对哥哥弟弟没有多少手足之情，一心希望父亲废掉哥哥，立自己当太子，他一直在父亲面前刻意表现。

唐贞观十六年（642），李泰献上自己组织编撰的《括地志》，这是一本翔实的地理著作，记录了大唐10道358州1551县的山川河流、风土人情、物产名胜、神话传说，等等，正文有550卷之多。李世民正被太子气得头疼，见李泰如此能干，对此，他免不了大加赏赐；为了显示孝心，李泰在龙门为长孙皇后造了佛龛，李世民为李泰的孝心感动不已。

同时，李泰还在不断地吸纳自己的人手，因为李世民的宠爱，不少权贵都聚集在李泰身边，特别是那些功臣们的后代，如杜如晦的弟弟和儿子，房玄龄的儿子，柴绍的儿子，朝廷上还没形成太子的党羽，却隐隐出现了"魏王党"。魏徵和褚遂良对此深恶痛绝，一再提醒、进谏，劝李世民不要太放纵魏王。唐贞观十七年（643）魏徵去世，临死还嘱咐李世民不要废掉太子。

长孙无忌一言不发，也许是为了避嫌，也许是因为他太过习惯于跟着李世民走，也许是他不想自己牵扯到复杂的派系斗争中去，唯一可以肯定的就是，他不支持李泰。此外，他和褚遂良在各个方面一直保持一致，褚遂良正直敢言，常常说出长孙无忌不愿说出、不便说出的事。但不论如何，在李承乾和李泰的斗争中，长孙无忌没有正面出场，他这个舅舅像没事人一样做了个旁观者。

李泰日渐骄矜，把谁都不放在眼里；李承乾日益紧张，他见李世民对李泰不断封赏，又不让李泰离京，还让他自己开馆，当年李渊不就是这样对待李世民的吗？李泰会不会为了皇位杀掉自己？李承乾越想越怕，越怕越想，终于，他做了一个危险的决定。

太子造反案

面对弟弟李泰的咄咄逼人，父亲李世民的一再偏心，李承乾决定不能坐以待毙，他决定效仿父亲，发动政变一举夺得大权。

李承乾联合了这样一批人：汉王李元昌，高祖李渊之子，李世民的弟弟；侯君集，凌烟阁功臣，亲自参与玄武门之变，参与平定吐谷浑，亲自平定高昌，因功自满，经常暗地里抱怨李世民太过宠信房玄龄、李靖等人，因不满现在的地位参与政变；贺兰楚石，东宫侍卫，侯君集的女婿；杜荷，功臣杜如晦的儿子，驸马，他不满意朝廷上都是贞观老臣，自己没有出头之日，希望跟着李承乾立大功。

太子集团人手不少，文武配置齐全，他们暗地里招兵买马，秘密行事。没想到他们还没动手，李世民的五子李祐突然造反，李世民大怒，很快派兵平定。李承乾知道后嗤之以鼻，说："东宫的西墙距离大内不过二十步，干大事岂轮得到他一个小小的齐王！"更没想到，李承乾话出口没多久，"小小的齐王"竟然令他的阴谋暴露了。

齐王造反是件大事，李世民命人严加审问，在追查齐王党羽的过程中，捕快们无意中抓到了一个叫纥干承基的人，此人是李承乾的手下，为了保命，就把太子的计划和盘托出。这一下，不但负责审讯的官员大吃一惊，满朝文武也惊讶得说不出话，谁也没想到太子竟然如此大胆。李世民雷厉风行，将涉案人员全部抓获。

这件事同样让长孙无忌震惊。作为最了解李世民的人，长孙无忌明白李世民并未想要改立太子，一来太子并无大错；二来魏徵临死前谆谆进谏不可改立；三来"改立太子"本就是李世民的心病，数年过去，玄武门的血腥场面仍然历历在目，李世民怎会坐视自己的孩子们为王位争得头破血流呢？正因为了解这一点，他才和李世民一样，忽略了李承乾的担忧。

长孙无忌会同房玄龄、李勣、萧瑀、马周、褚遂良等大臣共同审问太子。李承乾见事已至此，对谋反一事供认不讳。看到外甥那张混杂了惶恐、不忿、听天由命等多种情绪的脸，长孙无忌一下子惊醒了，长久以来，他碍于自己的身份，担心群臣的非议，对三个外甥保持距离，甚至看着李承乾和李泰闹得水火不容，却没有起到任何作用。如今，李承乾做了如此大逆不道之事，性命即将不保，长孙无忌觉得自己愧对李世民，也愧对妹妹长孙皇后。

长孙无忌强压着心痛和愧疚，完成了这次艰难的讯问。证词证物摆在面前，李世民大受打击，他做梦也想不到自己辛辛苦苦培养的太子，陪自己出生入死的老部下，自己一直以来寄予厚望的功臣后代，竟然联合起来想要造反。

李世民毕竟心软，没有杀掉李承乾，改为流放。李承乾离开京城前，父子见了一面，李承乾哭诉道："如果不是李泰步步进逼，儿臣害怕有一天被他杀害，又怎会起这种大逆不道的念头？"李世民听了，心里特别不是滋味。

对于功臣侯君集，李世民也想饶他一命，长孙无忌何尝不知道李世民心软，但功臣图谋造反却不治死罪，此例一开，今后不知有多少心怀不满的大臣怀着侥幸心理起事，朝廷再也不能安宁。见长孙无忌带头反对，李世民只好作罢。

李承乾被废为庶人，流放黔州；李元昌、侯君集、杜荷等人被斩首抄家，至此，太子谋反案落幕。李世民大为伤感，郁郁不已；长孙无忌暗自检讨自己的放任，从这件事以后，长孙无忌一改他之前的沉默顺从，在史书上，他的活动明显地多了起来。谋反案给了长孙无忌血淋淋的教训，让他明白一个有操守的臣子，不能仅仅顺从君王的意思，还要及时地阻止那些可能发生的祸端，用自己的能力匡正朝廷。

长孙无忌的选择

　　眼见太子之位空了下来，李泰喜上眉梢，开始向父亲明里暗里地表示自己想要接替皇位，李世民一向喜欢李泰，也有这个意思。何况，李承乾既然被废，按照嫡子继位的制度，李泰便是合法的国家继承人，这几乎是顺理成章的事。可是，李世民却犹豫了。

　　因为长孙无忌一改不插手、不插话的旁观态度。这一次，他不能继续坐视不理，让悲剧再次发生。他毫不犹豫地站到了李泰的对立面，明确地表示自己支持晋王李治。褚遂良和长孙无忌站在一边，认为晋王虽然年轻，但性格仁孝，更适合继承大统。

　　朝廷上分为两派，和长孙无忌等人不同，宰相岑文本、黄门侍郎刘洎就上书请立李泰为太子，他们的理由也是充分的：在李承乾被废之后，李泰就是最年长的皇子，而且头脑聪明，与皇帝感情深，在朝廷有人望。

　　李世民在两派的争执中犹豫再三，李泰对父亲表达了自己的决心："等我百年之后，我会杀掉自己的儿子，传位给弟弟！"

　　李世民听得动容，竟然信以为真。没想到，褚遂良却冷冷地泼了他一头冷水，指出这种事有悖人伦常理，根本不可能发生。李世民清醒过来，又想起和李承乾最后一次谈话，不禁担心倘若李泰当了皇帝，恐怕李治也活不久。

李泰见父亲犹犹豫豫，大为着急，干脆跑到李治的住所威胁自己的弟弟说："我知道你和李元昌关系好，你小心落得和他一样的下场！"

李治只有十五岁，从小就被父亲好生养在皇宫里，哪里见过这等阵势。哥哥辞严色厉、面目狰狞地威胁自己，他吓得连觉都睡不好。第二天见到父亲时面如土灰，李世民连忙问怎么了，李治也不敢说谎，如实禀明。李世民知道小儿子老实不撒谎，不禁喟然长叹，想自己一生纵横四海，治理天下，老来为儿子们操碎了心，也没得到好结果。

长孙无忌、褚遂良继续给李世民讲道理：倘若立李泰为太子，李承乾、李治全都别想继续活着；只有立仁厚的李治为储君，才能保证诸子的平安。李世民想想李泰平日的作为，又想想李承乾临别时的哭诉，不得不承认这一番劝告是对的。

长孙无忌公开支持李治这一行为，常常为后人诟病。很多人认为这是长孙无忌为了保住自己的地位的私心举动。但结合当时的情况来看，长孙无忌与李泰之间并无矛盾，如果长孙无忌公开支持李泰，以他的地位，李泰登基之后自然会视他为头号功臣；也有人说长孙无忌看中的是李治懦弱好控制，但当时李治只有十五岁，各方面资质还未成型，谁又能保证李治成年后一定和小时候一样？李承乾小时候还是个聪慧听话的孝子，长大了不也一样胡闹，甚至造反吗？可见在当时，长孙无忌的选择不是为了留后路，而是为了大局。这个大局，就是为李世民着想。

李世民一生都信任长孙无忌，不只是因为二人从小到大的交情，也不只因为长孙皇后，更不是因为长孙无忌的才干，最重要的是，李世民早就发现，长孙无忌不论考虑什么问题，首先考虑的永远是李世民的需要。他知道李世民最希望的是国家安定，诸子平安，而李泰在朝廷上结党，又有"逼迫"李承乾的"前科"，已经让李世民反感。

将目光放得更远，李世民还要想想今后的皇室沿承问题。如果李泰经过一番经营，将原太子挤走，如愿当上太子，就会成为一个危险的榜样，让李家的后代认为只要经营得好，谁都可以当太子。那么，皇室后代们就会为太子之位争个不休，兄弟手足相残，国家将永无宁日。从大局上看，这个先例绝对不能开。

所以，立李治为太子，不单单是长孙无忌的选择，而且是李世民内心深处的选择，长孙无忌只是将这个选择表面化了。

这一天，李世民将大臣们和李治招来，对他们说："我的儿子和弟弟一个个都造反，我活着还有什么意思呢！"说着就抽了把佩刀想要自尽，吓得长孙无忌、褚遂良、李勣等人大呼小叫地将他拦了下来，拼命劝解。李世民这才说："我想立晋王为太子。"长孙无忌连忙跪在地上说："晋王仁孝，理应得立，如果有人反对，臣请立刻诛杀！"

见群臣不敢提异议，李世民对李治说："你舅舅答应立你为太子，还不谢谢他？"愣在一旁的李治这才回过神，拜谢了长孙无忌。

明明是自己要立李治，却对李治说"你舅舅答应立你为太子"，李世民的这句话大有学问。这句话是为了让李治知道谁是佐命的功臣，更是将李治从此与元老大臣们绑在一起，既让元老大臣们支持年幼的李治，又让李治明白应该重用哪些人。

李世民明白，李泰个性狭隘，平时交往的又都是些功臣后代，一旦他当了皇帝，不但李承乾和李治要遭殃，陪李世民出生入死的大臣们恐怕也要凶多吉少。一朝天子一朝臣固然不假,但李世民左看右看,都觉得李泰结交的是些酒囊饭袋,必定要糟蹋他开创的事业。他用尽一生心血所创造的贞观大业,只有交给长孙无忌这些老大臣,才能放心。

唐贞观十七年(643),晋王李治被册封为皇太子,魏王李泰被贬为东莱郡王,迁出京城。唐王朝国本已定,朝廷又一次恢复了太平。

唐太宗的遗嘱

太子之位已定,长孙无忌松了口气。李治年幼,性子软,又记得他的拥立之功,每次看到他,都带着真心的恭敬和感激,也让他很是放心。长孙无忌考虑完李世民,当然也要考虑自己了,如今见李治听话懂事又重感情,想必今后当了皇帝,也会尊重他这个舅舅。

但没过多久,长孙无忌的心又一次提了起来——太宗竟然又想改立太子!

李世民是个颇为自负的人,这也难怪,一个靠能力打天下,靠实力治天下,赢得"天可汗"称号的人,怎么会不自负?李世民自然希望自己的儿子们个个是好样的,尤其是太子,最好像他一样聪明,像他一样果敢,像他一样是全才。而李治从小丧母,性子又多愁善感,难免显得英气不足;再加上悟性、头脑无法和李承乾、李泰相比,学东西比他们慢,这让李世民怎么看怎么不顺眼。

李世民把目光投到了其他妃子的儿子们身上，他发现吴王李恪最对他的心气儿，赞叹李恪"英果类我"，他不由动了改立的念头。这一次，长孙无忌没和其他大臣商量，直截了当地反对说："吴王是隋炀帝的后代，怎么能继承大统？"李世民一琢磨，话也没错，李恪的母亲是隋炀帝的女儿，这样的血统做皇帝，传出来的确不好听。而且太子废了立，立了废，也的确动摇人心，当下打消了这一念头。

李世民想来想去，决定亲自教育李治。此时的李世民年老多病，但仍然亲自写了《帝范》十二篇，教导李治节俭、纳谏、亲近贤臣、勤政爱民的道理，这也是李世民当帝王的心得。此外，李世民又为李治选择良师，贞观朝所有能人几乎都当了李治的老师。

这一回，李世民吸取了经验教训，不再像对待李承乾那样整天板着脸，也不再像对李泰那样宠个没完，他对李治既有慈爱又有威严。长孙无忌也不再避嫌，和李治格外亲密起来，经常亲自教导李治各种道理。李治见父亲、舅舅、群臣对自己寄予厚望，自然不敢怠慢，读书勤恳，待人有礼，监国时注意听取意见，于是李世民和大臣们都对李治的表现很满意，认为他是一个合格的接班人。

贞观事业还在稳步发展，李世民却日渐衰朽。李家人自称是道教老祖李耳（老子）的后代，对道家学说很是痴迷。李世民总是服食道士们炼出的"仙丹"。这些含汞含铅的仙丹并未让李世民的身体好转，越来越多的时间，他都躺在病床上。

唐贞观二十三年（649），在翠微宫中，李世民陷入弥留状态，他的人生即将走到终点。李世民招来太子和大臣们宣布遗嘱，其实，他早就预备有这么一天，所以，国事、外事、家事，他早已打理得井井有条，为的是让李治顺利接班。他宣布长孙无忌和褚遂良为顾命大臣。李治泣不成声，李世民告诉他："有无忌、遂良在，你什么都不用担心！"

李世民又将长孙无忌叫入内室，看着这个一辈子对自己忠心耿耿，也是自己最信任的大臣，李世民抬手摸着他，一时说不出话。长孙无忌平日不声不响，很少表露自己的感情，这时候悲不自胜，大哭不止，李世民想说点什么，又觉得千言万语不知从何说起。几十年的默契，几十年的休戚与共，也许在这个时候，他们之间不再需要语言了。

李世民又将褚遂良叫了进来，嘱咐他与长孙无忌一并辅佐太子，又对忠心正直的褚遂良说："我能得到天下，多亏有无忌，我死了以后，你千万要保护无忌，不要让谗人离间他，否则你就不是一个忠臣！"

李世民担心长孙无忌，他希望长孙无忌继续贞观事业，所以将太多的权柄交给了长孙无忌，这必然会招致其他大臣的妒恨，甚至有可能会让长孙无忌和自己的儿子李治产生矛盾。所以他希望有个人可以保护长孙无忌。在他心目中，长孙无忌与他心意相通，目标一致，只要长孙无忌在，他的贞观事业就还在。可见，李世民至死依然将长孙无忌视为自己最信任的人。

长孙无忌内心的哀痛自不必说，特别是看到李世民临死还对自己的安全念念不忘，更是大为感动。见李世民阖目而逝，李治泣不成声，几乎支撑不住自己。但想到如今太宗将朝廷大事、自己的后事全都交托在他一人身上，他咬了咬牙，决定一定不能辜负李世民的遗愿。

长孙无忌做事沉稳老练，李治还在父亲的尸身旁哀哀哭泣，他便已下令封锁消息。在仪仗队的吹拉开道中返回长安。皇帝在行宫逝世，若传到长安,恐怕有人借机生事,联合武将作乱,唯有顺利到达长安,才能宣布李世民的死讯,并安排太子登基。此时的李治只有二十一岁,一直疼爱呵护自己的父亲去世了,他伤心得不知如何是好,只知道一切都听舅舅的安排。

看到这样的李治,长孙无忌有些无奈,同时更加坚定了自己的决心:只要有他在,李世民开创的一切就不会消失。

第四章
顾命大臣

李世民去世,长孙无忌成为朝堂之上说一不二的顾命大臣,身负辅佐新君、总领群臣的重任。位高权重,他已经是群臣攻讦的目标,成为君主忌惮的对象,可悲的是,他不知收敛,更不愿急流勇退,也许,从他选择成为权臣的那个时刻,就已经注定了悲剧的结局。

当李治喜爱的妇人武氏登上历史舞台,相权与皇权的矛盾全面爆发,激化到顶点,长孙无忌最后的坚持,是权力欲望使然,还是良心的抉择?

永徽之治

公元649年,唐太宗李世民去世,太子李治继位,史称唐高宗。

公元650年,唐高宗李治改国号为"永徽",唐朝历史进入了一个新阶段。

新旧交替之际最易生事，高宗继位初年很不太平，地震、水灾连绵不断地发生，境内有人闹起义，境外有人兴兵挑衅。李治只有二十二岁，在当太子的几年中他学到了不少知识。

贞观政府是一个开拓型政府，它四面出击，对内建立制度和秩序，对外树立威严和形象。唐太宗雄才大略，他将该做的事和能做的事都做完了，所以，以李治为首脑的永徽政府只能是一个守成型政府，它要继承并发展贞观之治，这是长孙无忌的想法。长孙无忌在做事的过程中，始终遵照着贞观时期的政策和标准，在永徽初年，这的确保证了政权的稳定。

长孙无忌几乎是手把手地教李治如何执政，但教育方法却很成问题，李治听到的都是"你父亲是如何做的"，李治崇拜李世民，所以，开始的时候，对父亲的做法，他欣然接受。他像父亲一样鼓励农耕；像父亲一样提倡节俭；像父亲一样接受进谏；像父亲一样在有天灾的时候责备自己，向百姓检讨；像父亲一样在有人上书弹劾长孙无忌权势太盛时，将奏折拿给长孙无忌，表示自己毫无猜疑之心。

在永徽初年，高宗李治也离不开舅舅。李治就像一朵温室中的花朵，突然要去户外生活，接受风吹日晒雨淋，这一切都让他不知如何是好。他没有父亲的雄才大略，也没有可以依仗的经验、可以凭借的智慧，这个时候，长孙无忌就像他的拐杖，让他一点一点学会走路。可以说，这并不像一种君臣关系，更像是一种师生、父子关系。

在朝廷上，渐渐有了"长孙无忌专权"的成议。李世民死前、高宗继位后，将太多的官衔加在了长孙无忌身上。在贞观二十二年（648），长孙无忌就已经"兼检校中书令，知尚书、门下二省事"，也就是说，他一个人当了三省的长官，换言之，他的职权范围和皇帝没区别。当时李世民尚在，长孙无忌毫无心理压力，这么多年来，他们君臣间就是这样互相信任着对方。

等到高宗继位，长孙无忌依然全权领导中书、尚书、门下三省，他做事谨慎，自然知道如此高的地位不是什么好事，于是，他主动向高宗辞掉了尚书省的官职，于是，同为元老大臣的李勣成了尚书仆射。而李勣明白长孙无忌此举的用意，又见高宗对长孙无忌的信任无以复加，当下领着空衔，尽力避免与长孙无忌发生冲突。

后人常常评论长孙无忌专权。唐朝的政府班子里宰相的数量总是不定，有时三五个，有时更多，为的就是防止权力集中在一个人身上，但在永徽初年，宰相班子和朝廷重臣里几乎清一色是长孙无忌选中的人，例如褚遂良、韩瑷、来济、于志宁，长孙无忌也的确懂得如何排挤掉对手，从这一方面来说，他也的确在弄权。

但这种评价又说不上特别公允，长孙无忌有他的局限，但他从未染指兵权，也就是说他并不能威胁李治的地位。他在自己的权限范围内维持着自己的权势，但从本质上来说，他从未想过威慑君王，这也是一直以来，李世民对他放心的原因。

永徽政府面临的问题很多，作为贞观政府的接棒者，李治需要在父亲留下的庞大遗产中不断思考，在内事上，李治只需不改变父亲的政策，国家就能按照一种惯性持续发展，何况，还有长孙无忌一班人马及时帮他解决问题。永徽年代，社会生产总值持续提高，人口大增，这让高宗和元老大臣们很是自豪。

内事不用发愁，但有两个问题让李治很是挠头。

一个问题是外事问题。唐代疆域太大，外敌太多，李世民带着他的猛将们四处征讨，才牢牢地维持了唐朝的国际地位，又靠着有力的外交政策，保证了边境的安全。但到了永徽年间，当年跟着李世民打天下的功臣们死的死老的老，新一批将领还没成长起来，正是青黄不接之时。突厥、回纥、吐蕃、高丽、西域大小国家，都可能给大唐带来灾难。如果一味设置重兵，就会给国库造成沉重负担。李治既没有出色的战略头脑，也没有拿得出手的外交政策。好在永徽初年，大唐边境相对太平，太宗留下的军队还在兢兢业业地守卫着边疆，李治担心的大规模外战并没有发生。

另一个问题是君臣问题，说具体一点，就是他与长孙无忌的关系问题。李治年纪渐长，对国家政治也有了自己的想法，他非常想摆脱父亲的影响，他首先必须摆脱的，就是父亲留下的这批元老大臣。因为以长孙无忌为首的大臣们，永远在用李世民的思想做事，用贞观政府的风格做事。而李治想要按自己的思想、自己的风格行事，偏偏元老们都希望他成为李世民。

李治不是李世民，也没有变成李世民的可能，这让长孙无忌很是失望。当然，这样一位皇帝更好控制，更能保证他的地位，这大概是唯一的好处。他没有察觉李治心中滋生的怨气，还在充当着帝王的老师，给李治讲为政的道理。李治不耐烦，一时之间却也离不开舅舅，他也知道这位舅舅的确为自己做了不少事。

唐永徽三年（652）年底，长安发生了一件大事。房玄龄的次子房遗爱、李世民的女儿高阳公主（房遗爱的妻子），联合武将薛万彻、功臣柴绍的儿子柴令武、高祖李渊的儿子李元景企图谋反，事发后，高宗大惊，命长孙无忌亲自审理此案。

长孙无忌查阅卷宗，提审嫌犯，寻找证据，发现案子并不复杂。高阳公主为人骄纵，曾和父亲李世民有嫌隙，又因丈夫是次子不能沿袭房玄龄的封号、财产而心生不满，就怂恿一干不得志的武将、大臣、亲王，并联合一群和尚道士一起造反。这样一群乌合之众能成什么事？但长孙无忌心中警钟直敲，几个蹩脚的小角色都敢造反，这不正说明朝廷不稳吗？

长孙无忌决定借这个机会清除皇位的潜在威胁者和朝中的隐患。他突然想到了吴王李恪，这个唐太宗曾想传位的亲王。李恪人望甚高，如果他想要造反，恐怕不是小打小闹；又想到江夏王李道宗，这是唐朝开国功臣，手握兵权……一件小小的谋反案迅速扩大，在长孙无忌的授意下，房遗爱疯狗一样咬出了更多与造反完全无关的人，诬陷他们全都参与了造反。最后，这些人不是被处死，就是被流放。

李治对此心知肚明，当了几年皇帝，尝到了权力的滋味，他的思想也有了转变。从前，他重视父亲亲情，重视手足血脉，如今他也明白，和皇位比起来，这些都可以靠边站。吴王李恪很有声名，他也担心吴王生事。就算吴王本人没这个意思，难保别有用心的人打着吴王名号对他不利。吴王被处死，一了百了。但他也觉得牵连的人太多，想要开口求情，被长孙无忌一口拒绝。

李恪临死前悲愤地大叫："长孙无忌这个弄权奸贼，竟然如此陷害良善之辈，倘若社稷有灵，就一定会让长孙一家不得好死！"

长孙无忌对高宗有三功：拥立之功，教导之功，固位之功。这些事固然夹杂了长孙无忌的个人私欲，但李治能够当太子，顺利接班，稳固政权，靠的的确是长孙无忌的力量。长孙无忌最大的失误，就是总是希望李治乖乖走李世民的道路。很明显，长孙无忌是李世民的影子，但他不能要求一个帝王成为另一个帝王的影子。

而习惯了位高权重、一人之下万人之上的地位，长孙无忌的心态也难免有一些变化。从前长孙无忌懂得盈满则亏的道理，总在避嫌，总是低调，如今他却欲罢不能，他也开始靠自己的权力排挤他不喜欢的大臣，提拔亲近他的人，他也开始留恋权位，就像长孙皇后当年担心的那样。这样的表现，又让高宗李治心生忌惮和厌恶。

高宗仍是心软，再加上能力上有所欠缺，既然长孙无忌并不威胁自己，他就决定由着舅舅，慢慢想办法。何况，长孙无忌只是贪恋地位，并不曾想过要分高宗的权。这一对君臣依然能和平共处，如果不是后来发生的意外，他们之间本应有一个体面的结局。

意外的敌人

长孙无忌一面辅佐高宗沿承贞观遗风，继续为大唐事业保驾护航，一面继续为自己铺好后路，以备不时之需。他年纪越老，越明白君恩如流水，权势如乘风，那么多老战友浮浮沉沉，他在思考，怎么能保证自己的地位能岿然不动呢？见高宗皇帝位置已稳，他希望尽快立个太子。不想这件事还好，一着手，长孙无忌突然发现自己多了个敌人，一个他想都没想到的强敌，此人不是文臣不是武将，而是后宫的一个妩媚的女人。

这个女人是大唐开国功臣之一武士彟的女儿,贞观年间被太宗召入宫中封为才人。太宗去世后,无儿女的嫔妃们被送到宫外寺庙出家,武才人被送到感业寺。谁知这个女人竟在太宗生病、太子常常探视之时,对太子李治暗送秋波。李治继位后,去感业寺烧香,遇到已经剃度的武氏,二人泪眼婆娑,竟似久别重逢的爱侣一般。

偏巧李治的妻子王皇后无宠又无子,宫中有个萧淑妃深得李治宠爱,常常对皇后无礼。皇后一气之下暗自命尼姑庵中的武氏蓄起头发,怂恿高宗将武氏接入宫中。李治喜滋滋地将父亲的才人迎入后宫,武氏对皇后千恩万谢,处处恭敬,对李治处处体贴,萧淑妃很快受到冷落。武氏很快就生了自己的儿子,进位为昭仪。

皇帝后宫之事,若不涉及立后立储,群臣很少参与。一来李家王室胡风浓重,在男女关系上一向混乱,李世民的后宫里有隋炀帝的女儿,还有他弟弟李元吉的妃子;二来,儿子纳父亲的女人入宫,这件事虽然不对,但由当朝皇后亲自主持,群臣也不便发言。

但见武昭仪势头太旺,李治又是个耳根软心志不坚的人,长孙无忌等大臣难免生出担心,担心王皇后的位置有一天会被武昭仪夺走。于是,王皇后的舅舅柳奭建议王皇后认高宗长子李忠为养子,再由长孙无忌等人启奏李治立李忠为太子。李治本是个不愿拿主意的人,见群臣如此,自然顺水推舟,确定了国本问题。

但后宫却不安稳,武昭仪得子后,一反之前对皇后的恭顺,开始仗着李治的宠爱笼络后宫上下。王皇后不得不和已经失宠的萧淑妃联合起来，向李治控诉武昭仪的奸诈。武昭仪在李治面前柔情似水，根本不说王、萧二人的不是。由此，李治渐渐不相信皇后和淑妃的话，独宠武昭仪。没多久，武昭仪又做了一件震惊朝野的事：她掐死了自己刚出世的女儿，以此诬陷王皇后，为的是李治能在一怒之下废掉皇后，自己上位。

就连见惯形形色色人等的长孙无忌也为之咋舌，一个太宗的女人勾引太子，在太宗死后还能进入高宗后宫，并且有了取代皇后的趋势，如此心机，怎可不防？偏偏高宗沉浸在他的爱情之中，眼睛里只看得到武昭仪的优点，不论旁人如何规劝，他就是不信，长孙无忌只能百般劝说高宗，千万不可改立皇后。

李治为人重感情，想着自己的妻子出身名门大家，与自己是结发夫妻，就算不宠爱她，也没想过要废掉她，倒也听从了长孙无忌的建议。但武昭仪却不闲着，她又在后宫安排了一场"巫蛊大戏"，一群官人捉获王皇后和她的母亲柳氏在皇宫使用巫蛊诅咒武昭仪，"人赃并获"，这下高宗有了借口，将王皇后囚禁，她的舅舅中书令柳奭也被流放。

李治自然想立武昭仪为皇后，武昭仪也一直追求这个目标。他们也知道这不是一件容易的事，毕竟，武昭仪身份特殊，她曾是太宗的才人。这样的身份在后宫当个宠妃尚可，要当国母，实在有损皇家颜面。二人决定寻求长孙无忌的支持，只要贞观元老长孙无忌一句话，谁还敢反对？

李治首先行动，他做了一件帝王根本不该做的事：向大臣行贿。他亲自去了舅舅家，一番酒宴之后，将长孙无忌的宠妾所生的三个儿子封为五品官，又为长孙无忌送上了几大车的绫罗绸缎、奇珍异宝。长孙无忌见他这般行事心里有气，礼物倒是不客气地收了下来，偏偏不答应帮李治立武昭仪。任凭李治亲情攻势、金钱攻势齐上，他兀自岿然不动。

武昭仪也不落后。她让自己的母亲去长孙无忌府上求情。武昭仪的母亲杨氏，有个曾在隋朝当大官的父亲杨达，杨达恰好是长孙无忌的父亲长孙晟的同僚。靠着这层十万八千里远的关系，杨氏几次登门拜访，但长孙无忌根本不想见她，每次都将她赶出去。

一来二去，李治和武昭仪的面子挂不住了，暗骂长孙无忌真是不识抬举，一个大臣非要跟皇帝叫板，到底有什么好处？长孙无忌深谙君臣之道，他不是不知道"胳膊拧不过大腿"，高宗恳求到这个程度，还不踩着台阶往下走，的确不明智，肯定会影响来之不易的君臣友好。但长孙无忌却固执地坚持他的决定，根本没有更改的意思。

一是他要维护王室的体面。儿子娶父亲的女人已经有悖伦常，让人笑掉大牙；倘若儿子娶父亲的女人为皇后，李唐王室还有什么脸面混下去？先帝李世民若九泉下有知，非气得背过气去不可。这关系到李治的名声，更关系到李世民的颜面，长孙无忌无法容忍这种事发生；

二是他要维护朝廷的和平。长孙无忌阅人无数，早就看出想当皇后的武氏头脑精明，蛇蝎心肠，权力欲旺盛。这样一个女人当了皇后，摆布一个耳根软又依赖人的李治，简直是轻而易举！牝鸡司晨惟家之索，这是亡国的兆头，他绝对要阻止这个女人掌握大权；

三是他对李治一直存有轻视之心。也许是李治长久的依赖让长孙无忌产生了错觉，他总认为只要自己坚决反对，外甥就不可能坚持到底，李治的性格那么软,怎么可能跟他作对呢?何况朝廷重臣都站在自己这一边,李治能有什么办法?

在改立皇后问题上,长孙无忌的确给高宗李治人为设置了重重障碍,在李治看来,这就是弄权。但是细细说来,这恰恰体现了长孙无忌作为唐朝大臣深谋远虑、坚持原则的一面,这一次,他的行为并不是出于私心。长孙无忌与李世民从无隔阂,与李治之间却存在思维上的差异,对事对人看法不同,又恰好针锋相对,注定他们走向对立。而大臣和君王对着干,倒霉的大多是臣子,长孙无忌即将遭遇他人生中最大的失败。

大殿上的闹剧

李治逐渐发现,朝廷舆论也并非一面倒,被长孙无忌等元老压制着的大臣,早就希望找个机会翻身。有两个大臣接连向李治表达了支持武昭仪为后的决心,他们一个叫许敬宗,是贞观朝的老臣,却因为人品差劲,很让贞观朝其他大臣瞧不上;一个叫李义府,一直不入长孙无忌的眼,仕途不得志。李治一看有人支持自己,当即对其加官晋爵。

皇帝的意思这么明显,更多官员开始向李治和武昭仪靠拢,原本"坚决不能立武昭仪为后"的朝廷舆论开始转向,许敬宗甚至公开在朝堂上议论说:"种田老汉多收了麦子,都想换个老婆,为什么天子不可以?"而韩瑗、来济等宰相上书反对,一时间,朝廷上两派人马争执不下,李治两面观望,他的态度一向如此,一时不知如何是好。许敬宗又一再去劝说长孙无忌,都被长孙无忌严词拒绝。

很快,争执进入白热化,达到了高潮!

某一日,李治想在朝堂上正正经经地讨论一下"废王立武"的问题,事先听到消息的长孙无忌、褚遂良等人一起商量对策,他们还找来了同为元老大臣的于志宁和李勣。褚遂良一向耿直,对另外三个人说:"为了朝堂,我们必须据理力争,明天上朝,我们也要表明态度。无忌是元老又是国舅,不宜与陛下当面冲突,就由我来劝谏陛下,你们在一旁支持。"于志宁自从被李承乾刺杀后,吓破了胆,一改从前的刚直,变得唯唯诺诺,不敢惹事,此时支支吾吾,李勣没有表态。

第二天李勣称病没来上朝,李治果然提出了立后问题。褚遂良一马当先,对李治说:"当年贤弟临终之时,执着陛下和皇后的手对老臣说'佳儿佳妇,交付于卿',言犹在耳,陛下怎么能舍弃发妻?何况陛下就算想要改立皇后,也当选择名门佳丽,武氏出身低,又侍奉过先帝,这样的人怎能服众?"褚遂良越说越激动,干脆扔掉手中的笏板,跪在地上拼命磕头,磕得额头鲜血淋漓,他大声说:"陛下如果执意要立武氏,就请让老臣辞官还乡!"

谁都没想到事情会闹到这个地步,这时,一道严厉肃杀的女人的声音传了过来,只听她说:"陛下还不杀了这个狂徒!"原来,武则天一直躲在帘子后面,听到褚遂良一直在揭她的短,急火攻心,忍不住大喝出来。

一个女人竟然在朝堂上指手画脚,长孙无忌震惊了!李治竟然能允许这种事！而李治竟然听了武氏的指挥，命令侍卫去拉褚遂良，长孙无忌连忙喊道："褚遂良是元老大臣！就算有罪也不能动刑！"这才制止了侍卫。

一场闹剧收场，双方都没占到便宜，废后一事仍然悬而未决。

见舅舅无论如何不肯支持自己，李治干脆绕过长孙无忌，去找一直没发话的李勣问意见。同是元老大臣，李勣却不想和长孙无忌结盟，他对李治说："这是陛下的家事，用不着问别人。"李治心里立刻有了底，有了李勣的支持，他不再害怕了。

局势急转直下，李治再也不过问长孙无忌的意思了，他对长孙无忌等人非常冷淡，却开始与李勣热乎起来，对他一手提拔的许敬宗、李义府等人，更是青眼有加。长孙无忌等人都是文臣，又都是忠臣，对于皇帝的疏远，他们毫无办法，也无法反抗。权力就在一夕之间离长孙无忌而去。

很快，王皇后被废，武氏的情敌萧淑妃一并被废。李治不但在后宫搞了一次大换血，在朝廷上，他终于也可以按照自己的意愿，提拔自己看中的官员，颁布自己想到的政策，他终于从长孙无忌、李世民的束缚中放开手脚，开始享受身为帝王的乐趣。长孙无忌知道大势已去，他又恢复了之前的沉默。不同的是，从前他沉默，李世民会来找他问意见；如今他沉默，李治根本就不会想到他的存在。他成了被君王厌弃的臣子。

唐永徽六年（655）十一月，李治册封武氏为皇后，李勣亲自将代表皇后权力的印玺交到武氏手中，武皇后心愿达成，笑靥如花。李治为心爱的女人用尽苦心，能够立她为皇后，颇为欣慰，而经过这件事，那些多嘴的元老大臣们被他扫出了权力中心，更令他满意。

立后事件，标志着权力的转移。

李治继位后，虽说没有被架空，但朝廷的一切活动，都在长孙无忌的把持之下，与其说他是李治的臣子，不如说他一直都是李世民的亲信。他所做的每一件事都带着强烈的唐太宗色彩。直到立后事件之后，李治才算组建了属于自己的领导班子。虽然贞观老臣李勣也在这个班子中，但李勣是武将，对治国之事没有兴趣，也不会非要坚持贞观一朝的老做法。

作为顾命大臣，长孙无忌虽然有弄权杀死李恪等人的污点，但在他的辅佐下，永徽之治取得了不错的成绩，李治也学会了如何治理一个庞大帝国，朝廷稳定，边疆稳定，一切欣欣向荣，这都说明，长孙无忌是一个合格的顾命大臣，他完成了李世民交代的任务。但李治却嫌他管得太多，所以，长孙无忌注定要被疏远，而他在关键问题上与李治作对，又导致了他注定要面对悲惨的结局。

沉默的结局

武皇后的确立，标志着唐朝将建立一个新政府。这个政府的领导是李治和他的新大臣们，此外，武皇后的影响也不容小觑，李治经常与武皇后商量朝政，武皇后不会像长孙皇后那样避嫌，事实上，她对政治和权力充满野心，她积极地参与讨论，给李治出主意。李治从前依赖长孙无忌，如今愈发依赖自己的妻子。

武皇后记恨曾经的敌人。王皇后、萧淑妃被她虐待而死，王皇后的舅舅柳奭自然逃不掉。褚遂良、韩瑗、来济等人被贬职，于志宁对立后一事态度暧昧，既不敢支持李治，也不敢附和长孙无忌，因此也被贬出京城。

褚遂良被调到潭州为官。不到两年，又被贬到广西。没多久，武后一党诬告褚遂良与韩瑗、来济谋反，褚遂良又一次被贬。年老凄凉的褚遂良给高宗写了一封信，追述自己的辅命之功，高宗恍若未闻。最后，褚遂良绝望而死。韩瑗也被处死。来济运气好，被贬官后与西突厥作战，牺牲在战场上。只有长孙无忌因为身份特殊，皇亲国戚，三朝元老，这样的人武后暂时不敢发落。

被剥夺了权柄的长孙无忌感到前所未有的平静。

他不去找自己的外甥诉说当年的功劳，也不去向武后、许敬宗、李义府等人低头讨饶。他被架空了，被夺去权柄，再小的政事也没有他插嘴的余地。朝堂已经成了许敬宗、李义府及其党羽的天下，这些人和武后交好，又懂得如何笼络李治。许敬宗和李义府二人并非缺少治国能力，只是人品极差，许敬宗贪图名利，结纳党羽；李义府笑里藏刀，卖官鬻爵。高宗性软，只要大臣工作干得好，其他事就睁一只眼闭一只眼；武后一心巩固地位，根本不在乎许、李二人的品格。朝堂之上，贞观时期的清明风气荡然无存。

长孙无忌未尝不心痛呢，但他没有天天借酒浇愁，而是自己找活干。他又钻回了书斋，开始做修订史书的工作。他修的是武德、贞观两朝的历史，免不了也要翻阅前朝史籍。他熟悉那一本本典籍，从孩童时代，舅舅高士廉就曾翻着书页教导他，要从历史中学知识，学礼仪，学为人的道理。几十年过去了，当他又一次静下心来翻看书本，内容那么熟悉，感触却截然不同。

他老了，不知道自己还能活多久，不知道什么时候，高宗和武后的屠刀会挥向他。他回忆这一生的岁月：书斋，打仗，玄武门，当宰相，当顾命大臣，重新回到书斋，看上去像一个圆，只有他知道其中的不圆满。也许他的确不应该和李治争执，的确不应该高估帝王的忍耐程度，但在立后的问题上，他依然认为自己没有做错。

当长孙无忌将自己监修的八十部史书呈给李治，李治表面高兴，还赏赐了舅舅不少财物，但内心却嫌弃长孙无忌竟然还想"发挥余热"。高宗李治早就觉得这个舅舅能量太大，名声太高，放在朝廷里是个祸端。武后更是对长孙无忌怀恨在心。

唐显庆四年（659），许敬宗状告长孙无忌谋反，高宗李治心知肚明，假惺惺地说："舅舅虽说跟我有嫌隙，但不至于谋反吧？"许敬宗在旁一唱一和道："长孙无忌是元老大臣，做宰相三十年，如果他想要谋反，社稷危在旦夕！"君臣二人叹息一番，李治也不仔细问"谋反"的来龙去脉，直接将长孙无忌革职抄家，流放到黔州，长孙无忌的儿子也被流放到岭外，昔日威风赫赫的宰相一家，一夕败落，这正应了长孙皇后死前的担心。

长孙无忌在黔州虽被监禁，但饮食用度一如当初，依然是皇亲国戚的待遇。武后、许敬宗和李义府不放过长孙无忌，三个月后又提出复审，派大理寺正袁公瑜去黔州审问长孙无忌。袁公瑜到了长孙无忌的寓所也不废话，直截了当地让长孙无忌自行了断。

长孙无忌自然也明白袁公瑜的来意，他苦笑一声，他的政治生命早就结束，家财充公，后代流放，没想到李治连他的这条命也不放过。血浓于水，辅助之功，君臣之情，不过如此。但他认为自己坚持了宰相的操守，他落到这种下场，不是因为私欲。

国家大义与个人私利，每个人都在权衡。

长孙无忌的幸运之处在于，他跟随着一位开明而有智慧的帝王，他本人又是这位帝王的心腹重臣，大半生的时间，他根本就不用想国家与私利的关系，只需要考虑如何维护李世民，如何把李世民交代的事做好。他只要兢兢业业地跟随李世民的步伐，就成功地看到了千疮百孔的国家重新走向富强。

李世民逝世，他，这个李世民的影子就站到了台面上，习惯了循规蹈矩，突然失去了束缚，他难免失去分寸，难免管得太多，做得太多，也就错得多，落的埋怨也多。但他从未忘记自己的初衷是什么，他所有的行为固然有私利的考虑，但也都是在为他们开创的事业保驾护航。当他发现有可能损及这项事业的苗头，他毫不犹豫地反对。

至少，他不愧为李世民钦点的凌烟第一臣。

长孙无忌自缢而死，在他去世的第二年，高宗李治因风疾严重经常卧床，而武后年富力强，精明能干，于是，李治联合武后听取政事，正式开始了武后的执政生涯，当武后逐渐攫取权力之时，曾经反对她的贞观老臣们都已作古，她的权力越来越大。也许长孙无忌在不顾后果地反对高宗立后的时候，就已经想到了可能发生的局面，但他没有能力改变什么，只能在失败后选择沉默。而长孙无忌想不到的是，数年之后，武后以皇太后的身份篡夺了李氏政权，成为鼎鼎大名的女皇武则天。

人生的道路上有千百种选择,每一个选择都带着不确定,走不到最后就看不到结局,更无法预料身后发生的事。

于是,在沉默的结局中,大唐告别了贞观时代。

第二篇
狄仁杰——心存大义

唐弘道元年（683），高宗李治去世，唐中宗李显继位。远在甘肃的宁州刺史狄仁杰，追念高宗皇帝对自己的知遇之恩，黯然神伤，一时只有为国尽忠，帮助新皇帝励志图强，才能表达自己对他的感怀。不料，一个多月后，中宗即被皇太后废去皇位，并且流放到了房州。

　　消息传来，狄仁杰不禁忧心忡忡。早在他于京城为官时，高宗就已经身染重病，朝政多由皇后武氏打理，而武氏野心勃勃，为人狠毒。有史料记载，太子李弘和二皇子李贤的死亡，都是她在暗中操作的结果。如今，她竟然连当朝皇帝都能废，朝廷恐怕从此进入多事之秋；尤其是面对一个强势的女性统治者，每位官员都感到惶然无措，他们所信守的传统的君臣观念，正在摇摇欲坠。

　　在贫瘠的宁州土地上，遥想暗潮涌动的京城局势，狄仁杰陷入了久久的沉思……

第一章
初涉政坛

狄仁杰是武则天最得力的大臣，同时也是她一生中最主要的对手，作为一个传统的、典型的儒家学者，狄仁杰既忠于李唐王朝，同时又忠于武则天。至于如何处理二者之间的矛盾，狄仁杰不仅想到了，而且做到了，这也一个成熟政治家的应有风范。当然，狄仁杰一生中所留下最亮丽的色彩，还是他耿直的禀性和高超的智慧，尽管也有过诸多的无奈，遭遇过无情的倾轧，但还是始终保持着一成不变的理想抱负。

助手与对手

唐贞观四年（630），狄仁杰出生在一个地位不高的官宦之家，祖籍是并州太原（今山西太原）。当时的社会强调家世出身，狄仁杰的祖父狄孝绪虽然官至尚书左丞，却并未得到李世民的倚重；父亲狄知逊的官职为夔州长史，也没有登上唐朝政治舞台的中心。不过，世代为官的家庭都特别注重子女教育，唐朝又鼓励科举制度，这就为当时的普通家庭的子弟提供了极大的上升空间。因此，狄仁杰从小就受到了很好的传统教育，他读圣贤书，知忠义事，心中早早种下了忧国忧民的种子。

应该说，狄仁杰之所以被后人推崇和铭记，是因为他的一生经历了唐朝历史上的一个重要时期，即大唐变为大周，再由大周变回大唐，并且从中起到了极大的作用。史料记载，狄仁杰在高宗显庆年间，通过科举考试正式进入官场，所以时间只能大致确定在公元656至661年之间。由此可知，狄仁杰进入官场的年纪在二十六岁至三十一岁之间，在"三十老明经，五十少进士"的科举考试大背景下，他也算是大器早成了。需要说明的是，狄仁杰考中的并非进士科，而是明经科，这也从侧面证明他的儒学功底之深厚，同时也是他身为儒家信徒的一个佐证。

狄仁杰登上政治舞台的同时，武则天已经贵为帝国皇后，二人的政治和人生道路，也随着彼此地位的逐渐升高而越走越近。当时，高宗皇帝李治常年疾病缠身，最严重的时候甚至目不能视，因而总是把朝政带回寝宫处理。这样一来，每天在高宗皇帝身边服侍起居的武则天就得到了觊觎国家大事的机会。由于她政治才干出类拔萃，虽然最开始的时候只是负责一些零碎小事，但是随着高宗皇帝对她的信任，以及武则天本人的极力争取，国家权力开始逐渐过渡到她的手中。不过，武则天毕竟势单力薄，她想要在政治舞台上站稳脚跟，就必须在群臣当中寻找政治盟友，而狄仁杰正是凭借着自身的诸多闪光点，赫然地映入了武则天的视野。

那么，狄仁杰的身上有哪些闪光点呢？通过史料记载，我们大致可以总结出四点：

其一，品格高洁。狄仁杰的同僚郑崇志受命出使海外，由于路途遥远且异常艰辛，需要经年累月地在异乡奔波。因此，出使海外在当时乃是一件不折不扣的苦差事，每个人都避之唯恐不及。郑崇志虽然愿意受命，可惜家有一位老母需要赡养，因而在接到命令后可谓欲哭无泪。狄仁杰和他虽然属于泛泛之交，但是念及孝悌之情，主动上书替换了郑崇志的出使任务。尤其需要注意的是，狄仁杰也有父母需要赡养，他在出使途中就曾因为怀念家中亲人而触景伤情。所以，这件事不仅让郑崇志对狄仁杰心生敬佩，同时也让很多人认识到了狄仁杰的高尚品格，更让那些无故逃避出使海外任务的大臣们自惭形秽。

其二，能力卓越。唐上元二年（675），狄仁杰出任大理寺丞，成为大唐王朝最高级别的司法官之一。让所有人目瞪口呆的是，在短短一年之内，经他手办理完结的案件多达一万七千八百起，平均到每天就多达四十九起。要知道，由于很多官员的不作为，当时的很多案件都是陈年老案，仅仅翻阅卷宗就是一件极为繁重的工作。一年之后，狄仁杰在行政考核中被评为末级，很多官员联名上书为他鸣不平，并且最终为他赢得了上等的审核评级。时人曾评价狄仁杰说："狄公之贤，北斗以南，一人而已。"意思是说，狄仁杰的贤能已经居于群臣之首，暗喻他一定能够在将来成为宰相。

其三，胆识过人。自古以来，有能力而明哲保身以致终生碌碌无为的官员不计其数，而狄仁杰不仅能力卓越，而且在胆识方面也是当仁不让。同样是在担任大理寺丞期间，曾经有两位官员不小心砍了昭陵上的树木。众所周知，昭陵乃是唐太宗李世民的陵寝，高宗皇帝自然不会轻易地放过他们。当时，具体负责督办此案的人就是狄仁杰，他翻遍典籍，发现对此二人的惩处最重不过削官为民。但是高宗盛怒难消，非要将二人定为死罪，并且强令狄仁杰法外施刑。而狄仁杰在动晓情理无效的情况下，依然针锋相对，据理不让，最终迫使高宗做出妥协，将那两位官员依法惩处，保全了他们的性命。

其四，生逢其时。对于任何一个人而言，即便他占尽优势，又能够竭尽全力，也终有一样东西是无法把握的，那就是运气。因此，很多人在走向成熟之后，都会信守"尽人事，听天命"的人生哲学。狄仁杰所在的初唐时期，国家政权建立在大贵族基础之上，因而武则天作为新生势力的代表人物，崛起的最重要阻力就是这些大贵族。既然与这些大贵族水火不容，武则天就要竭尽所能拉拢其他的政治势力，借以增加自己的政治资本。与此同时，通过科举考试进入官场的清贫学子，亟需凭借最高统治者的恩泽加官晋爵，狄仁杰作为这些学子当中的佼佼者，自然能够在仕途之上平步青云。

当然，狄仁杰所有的这些闪光点，都符合一个基本理念，那就是儒家正统。而这个正统理念在狄仁杰身上的最终表现，就是对李唐江山的忠心不二，所以武则天想要专权可以，想要取代李唐自立就为狄仁杰所不容了。何况，在儒家思想当中，女性当政乃是国有不祥的征兆，因而但凡有女性参与政治活动，大多会生出乱局。早在太宗时期，新罗曾有当政女性派遣使者到唐朝求援，太宗不仅没有出兵相救，反而对来使大加斥责，教训对方女性当政才是他们最大的祸患。狄仁杰在武则天治下为臣，本身也承受着来自方方面面的压力，比如为了和亲戚搞好关系，为人刚直的狄仁杰曾经主动为表弟谋取官职。（此举在当时属于合法行为，称为"门荫"制度。）结果却得来了冷冷的四个字回应——不侍女主，可见狄仁杰内心当中的苦楚。

  一方面，武则天对狄仁杰有着知遇之恩，同时她本人又有着高超的政治才能，其创造的盛世几乎不逊于贞观之治。另一方面，武则天的当权却又"名不正言不顺"，狄仁杰自幼受儒家思想熏染，虽然忠君思想根深蒂固，但是对"君"的界定却从来没有含糊过，因而他由始至终都是以李唐政权为天下正统。在这种情况下，狄仁杰就不得不在大忠和小忠之间作出选择，而他的心向李唐，也说明他不愧为一代政治家，而不是一个小小的政客。简单来说，政治家一定是胸怀天下的，为了理想抱负可以牺牲个人利益；而政客则多是注重私利的，他们为了个人利益甚至可以卖主卖国。狄仁杰如果死心塌地追随武则天，个人的荣华富贵自然不是问题，大唐帝国的命运恐怕就要改写了。

入朝

  狄仁杰担任的第一个官职是汴州（今河南开封）判佐，虽然官位不高，但是该州经济发达且人口密集，能够在这里做官，狄仁杰的仕途起点不可谓不高。然而，就在狄仁杰准备大展拳脚时，他的属下上交给朝廷一封奏疏，目的居然是弹劾自己的上司狄仁杰，他的仕途之路由此陷入危机。

  自古以来，官和吏之间的矛盾一直存在：官是国家正式编制内的人员，不仅拥有较大的权力，而且未来的升迁之路无比宽广，而吏属于办事人员，最初由官员任命，但是随着官员的流动性变大，以及吏在地方政权中位置的固定，官吏之间的权力大小反而出现了本末倒置的现象；另一方面，由于吏的出身通常较低，因而他们的升迁机会几乎为零，但是这也让他们在某一具体岗位上的停留时间非常久，因而他们对于自己的工作非常精熟。如此一来，吏就能通过各种各样的名目，来欺骗和为难官员，他们轻则玩忽职守，重则谋取私利，形成了很大的势力。有些官员初到一地，为了和他们搞好关系，从而展开自己的工作，也会对他们的胡作非为"睁一只眼闭一只眼"。

本来，这样的官吏关系还能够在潜规则下勉强维持，但是狄仁杰为人耿直，对于吏的一些不轨做法丝毫不予容忍。他这种破坏"规则"的行为，自然引发群吏的反抗，而具体形式就是向朝廷上书，陈述狄仁杰的"不法"行为。既然有人弹劾，朝廷自然会派人来彻查，负责这件事的人是阎立本。此人除了担任朝廷大员，在我国艺术史上同样的赫赫有名，此次负责彻查狄仁杰被弹劾案件，更是表现出了他难得的机智。他很清楚，官吏之间的矛盾由来已久，群吏会怎样做都有例可循，不同的是新到任的地方官会怎样应对。

通常来讲，官员应对群吏的能力可以分为三等：第一等是"不能欺"，即官员不仅聪明睿智，而且对群吏的伎俩了然于胸，无论他们怎样做都难不住官员；第二等是"不敢欺"，即官员的背景深厚，或者官员做事雷厉风行且有套路，群吏与他们为难基本等同于自寻死路；第三等是"不忍欺"，即官员的品性仁德忠厚，做什么事都得过且过，只要不是原则问题，也能够"睁一只眼闭一只眼"，这样的官员会让群吏不忍心欺负。根据这样的官场定律，阎立本很快就给狄仁杰定了性，即他是一位"不能欺"的官员。道理很简单，狄仁杰是一个原则性很强的人，不可能和群吏"讨价还价"，同时他也没有太深厚的背景，做事又不失机智灵活，群吏斗不过他，只能寻求朝廷向他施加压力。

凭借这一判断，阎立本不但没有批评和为难狄仁杰，反而表扬并提拔了他。回到朝廷之后，阎立本立即举荐狄仁杰为并州（今山西太原）都督府法曹参军，并最终如愿以偿。在并州，狄仁杰积累了大量的从政经验，并且因为工作的关系，对于审案判案之能力有了极大程度的提高。凭借出色的政绩，狄仁杰在唐上元二年（675）被调入京城，出任大理寺丞，这才有了他一年之内完结一万七千八百起案件的历史记录。这一时期，由于身在朝堂，狄仁杰也开始接触到政治的真正阴暗面，这也让他感受到了真真切切的无奈。

简单来说，高宗皇帝常年染病，随时可能驾鹤西归，届时国家权力将一举转移到辅政的武则天手中。在这种情况下，她唯一的权力障碍就是太子，因为按照皇位的继承惯例，皇帝驾崩后自然要由太子继承大统。为了彻底摆脱日后的威胁，武则天干脆痛下杀手，将自己的亲生儿子太子李弘毒死。原本这件事在史学界还有很多欲盖弥彰的说法，但是太子管家阎庄的墓志铭，最终将此事一锤定音。该墓碑于1955年出土，其中内容有如下记载："缠蚁床而遘祸，随鹤版而俱逝。"意思是说阎庄的死是因为太子李弘的死所致，文中虽然没有说明具体的细节，但通过简单的推测可知，阎庄应该是被武则天杀人灭口了，因为对于太子的死他一定很清楚，甚至可能目睹了整个过程。而且由于他对太子的忠诚，以及他深厚的背景，很可能会将此事揭发出来，至少会对武则天发出质疑。

至于武则天，最早乃是太宗皇帝的妃子，太宗死后按律出家为尼。但是，此人机谋颇深，早在太宗皇帝病重的时候，她就已经开始向当时还是太子的高宗示好，并且建立了非同寻常的私情。碍于礼法，高宗皇帝最初只是悄悄潜入感业寺与她偷情，但是这个时候王皇后和萧淑妃正在争宠，为了增加自己的胜算，王皇后提议将武则天召回宫中。殊不知，武则天的机谋，就算王皇后和萧淑妃加在一起也不是对手，王皇后此举无异于引狼入室。果然，武则天入宫之后不久，王皇后和萧淑妃就双双失宠了，并且很快被打入冷宫。

一般认为，这一时期的武则天，尚未生出做女皇的野心，最多不过想要成为李唐王朝的后宫女主。但是在帮助高宗处理政务的过程中，她却一点一点尝到了权力的滋味，俗话说"权力比毒品更容易使人上瘾"，武则天想要当女皇的野心也由此开始急速膨胀。这个时候，一些想要通过旁门左道得享荣华的人，也开始积极怂恿武则天，尤其是她的子侄，他们利用时人的迷信心理，编造了一些所谓的祥瑞，为武则天的称帝做足了舆论准备。而高宗对于武则天的做法则是听之任之，这一方面出于他对武则天的感情，另一方面也是因为武则天的政治能力实在强干，她的迅速做强做大，也让高宗无可奈何。

在这种情况下，武则天才有狠心和胆量杀害太子，并且将此事做得滴水不漏。然而，在狄仁杰看来，这件事却从根本上就存在可疑，因为按照当时的惯例，朝廷遇到重大案件需要进行"三司推事（俗称"三堂会审"）"，就是由刑部、御史台和大理寺共同审理，而狄仁杰作为大理寺的主事官员，根本就没有得到审理此案的任何命令。与此同时，狄仁杰很快就了解到，刑部和御史台也没有参与此案的审理。换句话说，对于太子和阎庄的死亡审理，完全绕开了国家的司法机构，甚至根本就没有人过问和追究。更为蹊跷的是，阎庄身为太子管家，居然没有任何官方史料提到他的死，甚至于他的名字都从家族中被除去，可见时人对于此事的隐讳。

然而，狄仁杰作为一名司法官员，尽管他有心查明此案，却根本连接手此案的机会都没有。他很清楚，在当时的专制体制下，所谓的国家法律完全是为统治阶级服务的。如果无关统治阶级的利益，案件审理还可以在法律框架内执行，可是一旦触及统治阶级的利益，法律就会沦为他们谋取利益的工具。眼见如此，狄仁杰的表现足以证明他已经是一个成熟的政治家，因为他针对此案基本没有做出任何反应，只是继续努力完成自己职责范围内的工作，直到有一天拥有足够的力量，能够让法律发挥出真正的效力。

显身手

在大理寺丞任上，狄仁杰正是通过秉公执法的做事风格，留下了廉洁奉公的良好形象。为此，高宗皇帝也开始注意到了狄仁杰的存在，并且将他擢升为侍御史，这就让狄仁杰的耿直性格得以彰显，从而做出了更加有利于国家和人民的事情。在此期间，狄仁杰一共督办了两次大案，为他登上最高权力舞台奠定了坚实的基础。

韦弘机是高宗眼中的得力大臣，他最早从事外交活动，很有大国之臣的风范，做出了很多为大唐王朝增光添彩的事情。后来，韦弘机凭借高宗的宠信，得以出任司农卿一职，主管国家农业基础设施建造。然而，韦弘机的主要精力却放在了讨好高宗上，他利用自己的职务之便，一再怂恿高宗大兴土木，建造规模宏大的豪华宫殿。应该说，每个皇帝都是好大喜功的，高宗皇帝也不例外，因而在韦弘机的支持下，兴建了一大批宫殿。当然，韦弘机在此过程中并没有忘记充实自己的腰包，以至于民怨渐起的同时，他却过上了逍遥的人上人的生活。

对此，很多大臣都对韦弘机心生不满，但是由于他和高宗皇帝私交笃厚，更多的人只是敢怒不敢言。宰相刘仁轨也属于这类人，但是他很清楚，只要是扳倒韦弘机这样祸国殃民的佞臣，有一个人肯定愿意出头，这个人就是狄仁杰。于是，刘仁轨通过各种渠道向狄仁杰传递韦弘机的不法信息，狄仁杰虽然对个中玄机心知肚明，但是一来整治不法是他的职责所在，二来其性格又是出了名的耿直，因而很快递上了弹劾韦弘机的奏疏。由于狄仁杰准备充分，提前掌握了确凿的证据，韦弘机没来得及反抗就伏法受刑了。

另一个案件与此如出一辙，大臣王本立无才无德，只是凭借对高宗的阿谀谄媚便官居高位。此时的李唐朝堂，正直的大臣当权，自然容不下王本立这样的人，可他在高宗眼中又极为难得，因而大臣们又把扳倒他的任务推倒了狄仁杰身上。狄仁杰对此义不容辞，再次将个人安危置之度外，担起了整肃朝纲的重任，他对高宗陈说利害，最终说服他惩办了王本立。虽然狄仁杰有被一众大臣"当枪使"的悲哀，但此时毕竟人心向治，他的做法还是为自己赢得了很好的口碑。

由于表现突出，高宗很快就把真正的重任交给了狄仁杰。太宗时期，李唐王朝和吐蕃建立了和睦共处的关系，文成公主嫁给松赞干布，更是创造了汉藏关系史上的黄金时期。但是到了高宗时期，唐朝和吐蕃的关系陷入僵局，直至刀兵相见。在大非川战役中，薛仁贵率领的十万唐军大败而归，自此唐朝一边转入守势，吐蕃则连年发起进攻，到狄仁杰出任侍御史期间，吐蕃军队再次兴兵来犯，宰相刘仁轨公报私仇，举荐和自己有过节而不善军事的李敬玄带兵出征，果然惹来大败。

李敬玄兵败被贬，刘仁轨的个人目的达到了，唐朝的边防事务却由此陷入危急之中。当时，唐朝与吐蕃作战的边镇是鄯州（今青海乐都），李敬玄打了败仗之后，鄯州便暴露在了吐蕃的兵锋之下。众所周知，唐朝的首都在关中地区，一旦鄯州有失，吐蕃兵锋就可以直趋长安。消息传来，朝野上下一片慌乱，如果没有一个得力大臣出镇鄯州，情势急转直下，后果将不堪设想。这个时候，高宗和武则天同时想到了狄仁杰，而狄仁杰眼见国家陷于危亡之中，也就立即当仁不让地赶赴鄯州上任了。

狄仁杰匆匆忙忙赶到鄯州，发现这里的情况已经非常危急了，因为危机不仅来自城外的吐蕃大军，而且唐军方面已经自乱了阵脚。原来，受到大败的局势影响，很多士兵都出现了畏战心理，很多人都离开军队准备逃回内地。鄯州官员只知一味使用高压政策，导致这些士兵不得不拿起武器反抗，以至于越来越多的士兵上山为匪，这不禁让鄯州的危机局势雪上加霜。狄仁杰到任之后，立即着手整顿军务，在朝廷的大力支持下，很快加强了边防力量的建设。再加上他施行了一系列的德政措施，被逼反叛的将士纷纷来归，鄯州的形势很快得到改观。吐蕃眼见如此，深知再难讨到便宜，没过多久便引兵回撤了，狄仁杰顺势大举收复失地，吐蕃之乱遂平。

凭借此次功绩，狄仁杰在回京之后很快出任宁州（今甘肃宁县）刺史，由此成为一方大员。该地区在当时居住着很多少数民族人民，局势相对比较复杂，狄仁杰在这里推行民族平等政策，最终完成了多民族的大融合，一举开创了此地的长治久安。当时，唐朝每年派遣御史巡察各地官员政绩，当他来到宁州之后，不仅没有见到大批的告状百姓，反而听到了当地百姓对狄仁杰的一片赞誉。很快，在巡查御史的举荐下，狄仁杰再次回到京城为官，并且出任工部侍郎，从此进入国家最高权力机构。

这个时候，高宗皇帝已经驾崩，武则天成为最高统治者。本来，武则天实行"温水煮青蛙"政策，想要逐步实现自己成为女皇的愿望，可惜即便如此，还是有人举起了反旗，第一个人便是徐敬业。此人是唐朝开国大将李勣的孙子，很小就表现出了大才，但是在武则天当政后因罪被贬。由于心有不甘，在扬州（今江苏扬州）聚众造反，并且打出了匡扶李唐王室的口号。不过，由于武则天早有准备，徐敬业之乱很快即告平定。

然而，江南地区长期与北方隔绝，世俗民风大有不同，这也是徐敬业在此地聚众起事的原因所在。换句话说，只要有人想要反对武则天当权，只要在此地登高一呼，还将得到民众的大举呼应。因此，对于武则天来说，最好的做法就是加强此地和北方的文化融合，从而断绝反叛者的民众基础。最终，这一重任又落到了狄仁杰肩上，他也由此出任江南巡抚使。到任之后，狄仁杰推行了一系列移风易俗措施，其中最重要的一项措施就是推毁淫祠，也就是各类人物的祠堂，只留下大禹、吴太伯、季礼和伍子胥供民众祭拜。虽然关于这四个人物有诸多说法，但有一点是公认的，那就是他们都与北方的祭祀文化相通。

不过据坊间传说，徐敬业和骆宾王并没有死，他们都潜入到了民间，准备伺机而动，只待风头过后还要起兵造反。武则天之所以派狄仁杰出巡江南，表面是安抚当地民众，其实则是为了寻找徐敬业和骆宾王的下落，以绝后患。但是，这一说法普遍不被后世采信，相关传言只是好事者出于妖言惑众的目的而为之。当然，不管怎么说，经过狄仁杰的一番治理，江南地区从此和北方融为一体，局势一直比较稳定，武则天也再没有为此担忧过。而对于狄仁杰来说，圆满完成了安抚江南的任务，也为他赢得了更大的政治资本，从此，武则天对他的倚重也更加明显。

拜相之路

徐敬业叛乱平定之后，武则天对于潜在的威胁更加敏感，于是想要召集各地的李唐宗亲入朝，意欲何为可想而知。李唐宗亲被逼上绝路，一些手中握有大权的人便开始暗中联合，试图武装抗争武则天的剿杀。可惜，这些李唐宗室的动作未能统一，以至于被武则天派去的官军逐个击破，未能形成太大的气候。琅玡王李冲、越王李贞（琅玡王李冲之父）、韩王李元嘉、鲁王李灵夔、范阳郡王李霭、黄国公李谭、东莞郡公李融和长乐公主等，接连遭到屠戮，一时间朝廷上下血雨腥风，李唐宗亲更是人人自危。

这一时期，狄仁杰被派往反抗最激烈的豫州（今河南汝南）做刺史，按照武则天的授意，他原本应该对当地的反叛势力进行大举清剿，但是狄仁杰却并没有这样做。赶到豫州之后，狄仁杰很快查明情况，参与叛乱的数千人都是被胁迫的，其中大部分人甚至不知道自己是在反叛。为此，狄仁杰不仅没有将这些人处死，反而上书武则天为他们求情，虽然这些人最终都被流放，但是捡回了一条小命，对狄仁杰自然感恩戴德。更为重要的是，狄仁杰此举为武则天赢得了良好的口碑，从而为她的统治打下了坚实基础。

然而，就在狄仁杰准备在豫州刺史任上有所作为的时候，一件不起眼的小事让他的仕途陷入灰暗。当时，总领官军镇压叛乱的是宰相张光辅，由于是镇压反叛，张光辅对镇压地的百姓毫无怜悯之心，城破之后经常烧杀抢掠。比如在博州（今山东聊城），原本城内的百姓心向官军，在张光辅大军兵临城下时，大批百姓杀死了叛军，开门迎接官军的到来，但张光辅却还是进行了惨无人道的屠城。在豫州，狄仁杰极力阻止了张光辅的做法，甚至拒绝向官军提供物资补给，因为当地的百姓受到战火摧残，已经难以糊口。

然而，张光辅却不管这些，他身为宰相，又手握重兵，所谓"将在外君命有所不受"，连武则天都要敬他三分，何况是小小的地方官狄仁杰。于是，张光辅找来狄仁杰训问，企图用自己的高高在上的官威压倒他。不想狄仁杰针锋相对，摆出大道理驳得张光辅哑口无言，最后甚至对他说出了大不敬的话。张光辅虽然火冒三丈，但是狄仁杰毕竟也是朝廷命官，并不能将他怎么样，只好一纸诉状告到武则天那里，给狄仁杰定了一个"犯上"的罪名。迫于形势，武则天虽然心里向着狄仁杰，但还是选择了顺应张光辅的意愿，将狄仁杰贬为复州（今湖北仙桃）刺史。

原因很简单，武则天要统治天下，必须打消所有人的反叛意向，而最简单和最有效的方法莫过于制造高压。张光辅在镇压反叛军民的时候做法有些过激，武则天不是不知道，而且她也不想让无辜的民众受连累。但是张光辅的做法又能起到杀一儆百的作用，甚至不排除是武则天授意他这样做的，因为她要给那些企图反叛的李唐宗亲看，同时也是给那些可能追随他们的民众看，反叛代价是巨大的。这个时候，如果武则天支持了狄仁杰的做法，那么对于可能反叛的李唐宗亲和相应民众就会释放新的信号，即反叛的代价大为减轻了。如果是这样，很可能引发一系列的连锁效应，甚至有可能让已经逐步稳定的局势再度失控。

果不其然，武则天虽然将狄仁杰贬为复州刺史，但是仅仅过了一年，就把他擢升为洛州（今河南洛阳）司马，也就是洛州的第二把手。需要说明的是，洛州是武则天的大本营，她建立周朝，都城就定在了洛州。也就是在这段时间，武则天称帝的野心渐渐浮出水面，她的子侄也在紧锣密鼓地准备着。唐垂拱四年（688），武则天的侄子武承嗣假借天命，伪造出了一块刻有"圣母临人，永昌帝业"的石头，作为祥瑞进献给了武则天。武则天自然很高兴，率领群臣到发现石头的地方大肆祭拜，对于武承嗣和相关人等也是大加封赏。如此一来，全国各地的官员争相效仿，预兆武则天称帝的祥瑞不断出现，甚至有成群的官员、宗亲、外国使节、百姓和宗教人士等到洛阳请求武则天称帝，一时间武则天称帝大有众望所归之势。

九月九日，武则天正式称帝，改国号为周，自称圣母神皇，成为我国历史上唯一的女性皇帝。对此，仍在洛州司马任上的狄仁杰并没有提出反对意见。武则天的政治能力非常卓越，在她当政期间老百姓的生活水平非但没有下降，反而有所提升。总体来说，狄仁杰的内心当中充满了纠结和矛盾，而这种纠结与矛盾也贯穿了他的一生。

狄仁杰的政治春天很快到来了。就在武则天称帝的第二年，狄仁杰被拜为宰相，而此时的他已经到了六十二岁高龄。即便从三十岁开始算起，狄仁杰也已经在官场上打拼了三十年，无论从哪个方面来看，他都可以担起巩固朝廷的重任。但是，狄仁杰此时需要面对的境遇并不乐观，因为在他之前，武则天已经罢免了包括张光辅在内的九位宰相，而且这些人不是被杀就是被流放，下场无一例外地凄惨。当然，在这些人遭到罢免的同时，他们身后错综庞杂的势力也遭到了集中清洗，形单影只的狄仁杰，应该是她真正想要任用的第一人。

对于这一点，从一件小事上就可以看出。当时，武则天对于权力的热衷余温未退，举国上下事无巨细都要过问。一天，有位官员拿着武则天的圣旨让狄仁杰过目，居然是批复一位太学生的请假。于是，狄仁杰很快上书武则天，让她尽量把手中的权力下放到官员手中，不要什么事情都过问，这样不仅会耗费她的心力，而且会让朝廷的办事效率下降。这样的做法在当时是不可想象的，因为还没有人敢对武则天提出不同意见，很多人甚至做好了看狄仁杰下台的准备。可是出乎所有人的意料，武则天欣然接受了狄仁杰的意见，从此不再过问那些旁枝末节的小事。

第二章
直臣与酷吏

狄仁杰进入朝廷为官,背后又有武则天的信任和支持,看似前程似锦。然而,武则天赖以起家的势力虽然是新势力,但是和狄仁杰比起来,却已经是资历较老。由于狄仁杰不愿与该势力融合,或者说武则天也开始厌弃这股势力,因而导致了该势力的强大反扑。而狄仁杰作为武则天所期许的新生势力代表,首当其冲遭到攻击,而武则天作为一位精明的政治家,同样在形势所迫下做出了不利于狄仁杰的选择。

谷底

武则天之所以能够坐稳江山,很重要的一个原因就是她培植了一大批酷吏。所谓酷吏,就是利用残酷手段对下属实行恐怖管制的官吏。史料记载,当时的司法部门只要凭一封告密信,就可以对相关人员进行逮捕、询问和惩治,搞得满朝文武人人自危。这样的制度逐级推行,整个国家陷入一片恐慌当中，还好，武则天适可而止，没有让这种恐慌蔓延到最底层的百姓身上。而狄仁杰显然是反对酷吏统治的，因而很早就与酷吏势力结下仇怨，他的第一次贬官，也正是在以张光辅为首的酷吏打击下所致。这次入朝执政，狄仁杰想要一展平生所学，便不可避免地要与酷吏势力遭遇。

首先对狄仁杰发起进攻的是来俊臣，此人是酷吏当中的代表人物，他出身职业赌徒家庭，性格中最明显的特征就是残忍。来俊臣之所以能够入朝为官，完全依赖武则天设置的"匦检"制度。所谓"匦检"制度，就是一种鼓励天下官民告密的制度。匦为铜质，形体较大，用于接收告密信，上面有一个小孔可以往里放信，大致相当于今天的邮筒。告密者由官员负责招待，并且送往京城，投放告密信之后当场就可以领到奖赏，即使所告内容不属实，也不会受到任何惩罚，于是天下官民纷纷赶来京城告密。而有人告密，就要有人审查密信所告之人，当时的国家司法机构无法承担如此繁复的工作，这就给酷吏集团提供了表演的舞台。

武则天在全国范围推行"匦检"制度的时候，来俊臣已经成为一个彻头彻尾的无赖，当时因为犯法被下了狱。为了逃脱被惩处的命运，他谎称自己要告密，结果被负责审核的李续查明，打了他一百杖。李续是李唐宗亲，在武则天的大清剿运动中也死于非命，来俊臣据此来了个死无对证，在李续死后又一次上交密信，表明自己曾经告发他，却被他打了一百杖了事。当时的武则天正值用人之际，来俊臣这样胆大包天的人也恰好可以任用，因而给了他一个侍御史的官职。来俊臣上任之后，随即给国家带来一片血雨腥风，经他手查办并满门抄斩的官员超过千家，他很快成为一个令人谈虎色变的屠夫。

应该说，来俊臣也是有一些头脑的，只可惜这些头脑都用在了如何迫害人上。武则天推行"瓯检"制度，他就来了个"发扬光大"，在密告的基础上干脆推行诬告，只要怀疑什么人就将他抓来审讯。当然，来俊臣有自己的方法，他根据自己做无赖的经验，在全国各地联合了很多无赖，如果想要状告某个人，就所有人一起写检举信，以达到"证据确凿"的效果。被告者被抓来之后，来俊臣发明的各种刑具又会派上用场，严刑逼供之下，很少有人能够逃过屈打成招的命运。对于来俊臣的做法，武则天虽然心有不齿，但这正是她所需要的统治工具，因而不但不责罚他，反而不断助长他的气焰。

狄仁杰需要面对的就是这样一个对手，而令人哭笑不得的是，来俊臣的主要矛头并不是对准狄仁杰，而是对准了魏元忠和李嗣真。其中，魏元忠为人正直，且资历和势力都要比狄仁杰深厚，因而虽然投到了武则天麾下，却并未与酷吏同流合污。相反，来俊臣为了讨好他，还派了郭弘霸去为他看病，而郭弘霸也确实不辱使命，为了帮魏元忠诊断病情，居然亲自去尝他的粪便。魏元忠由此更加坚定了鄙视酷吏的想法，他将此事宣扬出去，以便揭露酷吏的嘴脸，让大家一起排挤他们，因而与酷吏势力结怨。

李嗣真的正直程度比魏元忠有过之而无不及，他直接向武则天上书，痛斥来俊臣等人的残酷行径，希望武则天惩治他们。李嗣真博览群书，思想相对僵化，在正直程度上近乎顽固，因而对于来俊臣等人的锋芒丝毫不予避讳，这次上书更是当着群臣的面。尤其让来俊臣无法接受的是，李嗣真引经据典，把他说成了一个十恶不赦的奸臣，因而双方展开当庭辩论，仇怨也由此结下。经过一番准备之后，来俊臣便开始向魏元忠和李嗣真发起攻击，罪名是他们二人串谋颠覆武氏政权。恰逢这个时候，狄仁杰入朝为相，作为酷吏势力的死敌，同时又极可能成为他们的劲敌，来俊臣自然没有放过他的道理，因而在串谋颠覆武氏政权的名单里，便加上了狄仁杰的名字。

稀里糊涂地被关进监狱，又是谋反的重罪，等待狄仁杰的似乎只有死路一条。然而就在这个时候，来俊臣的"政策"摆到了他面前，只要主动承认谋反，不仅能够避免受刑，而且可以免去死罪。狄仁杰很清楚，来俊臣等人此次打击的主要对象并不是自己，武则天又是顺大势而为的人，虽然对自己比较看重，却不可能法外开恩，这一点已经多次验证过了。想到此，狄仁杰便下定决心，与其被来俊臣等人折磨冤死，不如寻求一线生机，这样还有希望在将来拨乱反正，清除来俊臣等酷吏的势力。

于是，狄仁杰不失灵活地选择了主动承认谋反，但酷吏们的道德底线到底让他汗颜。就在狄仁杰"认罪"之后不久，来俊臣又找到狄仁杰，让他"供出"其他人"谋反"，并美其名曰"戴罪立功"。狄仁杰很清楚，来俊臣的做法明显是想利用自己扩大他的打击范围，以便将异己势力一网打尽。此时，深陷囹圄的狄仁杰真可谓叫天不应，叫地不灵，他可以为了活命而牺牲名节，却无法为了保全自己而牵累无辜，尤其是帮助来俊臣等酷吏残害忠良。想到此，狄仁杰万念俱灰，居然生出了轻生的念头，他趁人不备，忽然起身撞向石柱，血流满面之下立即昏死过去。

庆幸的是，由于施救及时，狄仁杰虽然已经年过花甲，还是保住了性命。当然，由于不愿与酷吏们"合作"，来俊臣并没有按照承诺免去狄仁杰的死罪，而是继续将他关在狱中，等待朝廷批复处以极刑的文书。如此一来，来俊臣对于狄仁杰的看管就放松了，狄仁杰抓住机会，将写给武则天的秘密诉状缝在衣服里，经家人之手最终得以上交到武则天手中。这个时候，形势发生逆转，狄仁杰、魏元忠和李嗣真等七名正直大臣下狱，引起了朝野上下的强烈反弹，全国官民新仇旧恨加在一起，对酷吏势力形成了舆论围攻。

在这种形势下，一些正直大臣也不再明哲保身，纷纷站出来为狄仁杰等人诉冤。可问题是狄仁杰已经承认谋反，而且是在没有严刑逼供的情况下，再加上来俊臣等人添油加醋地一通说辞，武则天甚至都产生了疑惑。还好，她对于狄仁杰是有所了解的，同时也欣赏他的才干，因而派出了亲近大臣去狱中调查，但是来俊臣等人早已做好安排，并且收买了前去调查的大臣，这样，狄仁杰谋反的罪名就坐实了，无论是他的申诉信，还是大臣们的辩护，以及朝野上下的舆论，都没有对武则天产生太大影响。然而，就在所有人都陷入绝望的时候，一个不足十岁的孩子忽然出现，让看似绝望的局面有了改观。

逃出生天

  宰相乐思晦在唐天授二年（691）六月拜相，十二月即遭来俊臣毒手而惨死，所用罪名仍然是"谋反"。由于是重罪，乐思晦被满门抄斩，只有一个不满十岁的儿子幸免于难，但还是被发配为奴。反对酷吏政治的大臣们想要绝地反击，这个孩子就是最好的契机，因而通过一番运作，这个孩子出现在了朝堂之上，受到了武则天的接见。这场运动不仅是要拯救狄仁杰等身陷囹圄的政治大臣，同时也是反对酷吏势力的一次反击，他们要让酷吏政治的受害者现身说法，让武则天感受到相关做法的负面效应。

  朝堂之上，武则天首先发问，想要知道乐思晦之子的来意。乐思晦之子虽然还是个孩子，但是身负血海深仇，对于来俊臣等人的做法做出强烈谴责，并且在反对酷吏政治的大臣教导下，他的说法完全从武则天的角度出发。最后，乐思晦之子还对武则天说，即便是他最信任的大臣，只要交到来俊臣手中审问，最终都会承认自己谋反。如果这番话从一个成年人口中说出来，武则天也会不为所动，但是从一个孩子嘴里说出，她就不免有些动容了。在这种情况下，武则天就做出了一个顺应时势的决定，即亲自审问狄仁杰等一众被冤枉的大臣。

  事实上，武则天对于来俊臣等人的做法心知肚明，之所以始终听之任之，主要还是出于自己的统治需求考虑。为了达到这一目的，她甚至不惜忍痛割爱，牺牲掉自己十分看重的狄仁杰。迫于反对酷吏政治的大臣们掀起反击风潮，武则天才亲自审问狄仁杰等人的谋反案，实际上不过做个姿态而已。果不其然，武则天亲自过问案件之后，狄仁杰等人很快被查明是冤枉的，但还是贬了他们的官。武则天这样做，实际上相当于"各打五十大板"，一方面她还是要坚持搞酷吏政治，一方面也是在警告来俊臣等人不要做得太过火。

狄仁杰被贬，来到彭泽（今江西彭泽）担任县令，魏元忠和李嗣真等人同样遭到不同程度的贬谪。然而，狄仁杰虽然躲过了来俊臣等人的连带打击，却还有一些人想着专门对付狄仁杰，其中就包括一个叫霍献可的人。霍献可也是酷吏一党，他之所以跳出来请求武则天收回对狄仁杰的免死令，是因为受到武承嗣的暗中怂恿。武承嗣很清楚，作为名声在外的正直大臣，狄仁杰虽然没有表态反对武则天称帝，但是也没有表态拥护，这实际上乃是反对派大臣的权宜之计。而既然反对武则天称帝，自然反对武则天传位给自己的侄辈，武承嗣作为最有可能继承武则天皇位的人，自然没有轻易放过狄仁杰的道理。

与此同时，霍献可的表现也确实堪称卖力，为了把狄仁杰推下水，他不惜诬告自己的舅舅谋反，同时把狄仁杰列为同谋。但武则天主意已定，只是冷冷地说了一句"君无戏言"，就把这股不正之风压下去了。但是，武则天也没有责怪霍献可的意思，甚至如他所愿对其加官晋爵。武则天这样做也有她的目的，即利用势力庞大的酷吏群体牵制李唐宗亲，比如她的儿子李旦，也就是唐睿宗李旦，就处在来俊臣的严密控制之下。李旦还是比较识时务的，他不但请求武则天把自己的帝位降为皇嗣，也就是皇太子，还请赐武姓，以确保自己在武则天的统治下苟全性命。

而酷吏们对于武则天的期许也确实不遗余力,在制住了李唐宗亲并稳住了朝廷百官之后,他们又把毒手伸向了那些不肯屈从而被流放边疆的大臣。这一次,还是由来俊臣牵头,同样是诬告被流放的大臣们谋反,并最终将他们屠戮殆尽。史料记载,来俊臣等人的手法无所不用其极,就连这些被流放大臣的家眷,包括那些老弱妇孺,全部惨遭不幸。可以说,武则天的政治利益是与酷吏们绑在一起的,这就不难想象狄仁杰的处境了,如果不是武则天赏识他的政治才干,很可能早已在酷吏的打击下命丧黄泉了。即便如此,为人精明的武承嗣还是看出,武则天赦免魏元忠等人的死罪,还是一种政治立场上的松动和转折,而最根本的原因正是狄仁杰。

这一时期的狄仁杰,真可谓心灰意冷,李唐宗亲被清洗殆尽,正直大臣明哲保身,酷吏一党把持朝政,武氏宗亲跃跃欲试,自己又被贬在偏远地方为官,整个国家似乎都陷入了一片黑暗之中。然而,就在狄仁杰无计可施的时候,来俊臣等奸佞之臣的局限性表现出来,他们仗着武则天的宠信,逐渐变得翩翩然起来,居然觉得自己可以一支独大了。于是,当正直大臣们被打压下去后,酷吏一党和武氏宗亲之间的矛盾逐渐激化,同时来俊臣又与张易之和张宗昌等人交恶,因而,面首集团也站到了他的敌对立场上。这个时候,可怜的来俊臣还想着故伎重施,状告武氏宗亲和张氏兄弟谋反,最终为自己掘下坟墓。

武则天想要惩处来俊臣,罪状可谓比比皆是,而且这个时候正直大臣和李唐宗亲已经被剿杀得差不多了,对于来俊臣也到了"兔死狗烹"的关口,于是很快就将他推上了法场。行刑当天,整个洛阳城万人空巷，所有官民都赶来看热闹。当来俊臣的人头砍落在地时，场面一时失控，疯狂的人群涌进法场，争相分食来俊臣的尸骨。来俊臣的死，标志着酷吏政治的结束，以他为首的酷吏制造了一系列冤屈，被武则天一股脑推到了酷吏一党身上，狄仁杰等被贬在外的正直之士，也终于看到了光明和希望。

值得一提的是，即便是在如此黑暗的时刻，狄仁杰仍然在竭尽全力地为彭泽百姓谋取福祉。对于他在彭泽的政绩，史书只用了六个字作为概括——邑人为置生祠。众所周知，祠堂是人们祭拜神灵的地方，即便是受人拥戴的大人物，也要等到死后才有百姓为之建祠，而当地百姓在狄仁杰在世时即为他建立祠堂，可见其为国为民之心以及兢兢业业之行了。然而，酷吏一党覆灭之后，武氏宗亲开始当政，朝廷当中仍然没有狄仁杰安身立命之所，但是接下来的时局发展，还是为狄仁杰提供了表演的舞台。

唐登封元年（696），契丹为祸，侵扰北部边境，兵锋一度深入到中原腹地。武则天接连调兵遣将，却都兵败而回，于是狄仁杰被再度启用，出任魏州（今河北魏县）刺史。赶到魏州之后，狄仁杰很快稳定了当地的混乱局面，契丹人眼见无利可图，只好知难而返。狄仁杰不敢有丝毫松懈，随即开始着手整顿军务，又花费大气力恢复农事，最终将契丹阻隔在了边境之外。凭借这一功绩，狄仁杰很快被武则天召回朝廷，这一次他所面对的局势也变得更加棘手。

敌手

唐通天二年（697），重新回到朝廷的狄仁杰再度拜相，此时的他已经六十七岁了。此时的他，对武周政权仍然抱有幻想，在他的心中，只要他和武则天共同努力，就能创造一个辉煌盛世，甚至超过唐太宗的贞观之治。应该说，狄仁杰的内心当中一直在李唐和武周之间摇摆，这一点从他始终没有对武周政权提出异议可以看出。但是，无论从自身年龄考虑，还是从当时朝政的现实情况考虑，武周政权都无法让他实现梦想了。于是在忠于武则天的同时，狄仁杰也不可避免地开始考虑一个具体问题，那就是如何完结自己的毕生使命。

一般认为，狄仁杰一生最大的功绩是恢复李唐，但是在再次拜相之前，他并没有下定恢复李唐的决心。一方面，武则天对狄仁杰有知遇之恩，他的两度拜相都是因武则天而成；另一方面，武则天也确实拥有经天纬地之才，在她的统治之下，国家逐步走向大治，甚至不逊于贞观之治时期。可以说，无论是大忠于天下，还是小忠于人主，狄仁杰都没有道理反对武氏当政。但是，作为一名成熟的政治家，当他看到武氏宗亲的胡作非为时，立即意识到武则天身后的皇位继承人问题。换言之，如果届时让武氏宗亲当政，国家的未来实在令人堪忧，因而恢复李唐政权的决心，也就在他的心中逐渐酝酿成形。

通常来讲,最有可能继承武周政权皇位的有两个人,一个是武则天的侄子武承嗣,另一个是她的外甥贺兰敏之,后改姓为武,称武敏之。武敏之此人容貌英俊,性格不羁,由此养成了拈花惹草的习惯,加之武则天的纵容,逐渐变得色胆包天。

史料记载,他曾经和自己的外祖母有私情,而且这个外祖母正是武则天的母亲。这还不算,高宗在位时,曾经为太子李弘选定太子妃,就在册封仪式前夕,武敏之居然强暴了准太子妃,以至于高宗和武则天不得不临时改选太子妃。这样的一个人如果将来继承皇位,国家的未来命运可想而知,庆幸的是武则天也早早地抛弃了他,随便找了个理由将他流放边疆,并且最终致使他死在了流放途中。

武敏之既死,武氏政权的继承人就只剩下前面提到的武承嗣一人,那么,这又是怎样的一个人呢?史料记载,武承嗣乃是一个不折不扣的小人,他的父亲武元爽原本出于家庭恩怨被武则天逼死,他也因此被武则天发配到边疆。但是武氏家族传到他这里已经人丁凋零,武则天为自己的身后事考量,不得不将他召回京城,并且用高官厚禄对他极尽拉拢。而武承嗣眼见政治利益在即,随即把杀父之仇抛之脑后,不仅积极向武则天靠拢,而且为她的登基称帝上蹿下跳。武则天正式称帝之后,他便开始积极运作谋划,想要让武则天立自己为太子。眼见武则天迟迟没有动作,他便转而打击那些反对册立他为太子的大臣,魏元忠和李嗣真被赶下台后,狄仁杰就成了他的首要的打击对象。

武承嗣之外,武氏宗亲当中还有一个较有头脑和势力的武三思,此人也是武则天的侄子,而且他的父亲武元庆同样是被武则天逼死的,同时将他发配到了边疆。武则天将他从发配地召回后,也像武承嗣那样予以各种恩赐，他更是有样学样，所做勾当和武承嗣相比有过之而无不及。本来，只要有武承嗣在，皇位就不会轮到武三思继承，但是武承嗣先他而亡，武三思也就继武承嗣之后，成了最热门的皇位继承人，并由此成为狄仁杰的主要敌人。值得一提的是，武三思此人还有些文学功底，并据此和武则天的面首交好，因而他对于狄仁杰的威胁显然更大。

除此之外，还有一个武延秀，是武承嗣的次子。武承嗣死后，他便继承了武承嗣的势力，一时间风头无两。在此期间，突厥人曾遣使来求婚，武则天便让武延秀去突厥迎娶突厥可汗的女儿。没想到突厥人只认李唐宗亲，一见来人是武延秀，立即大怒，将他扣在了突厥。武延秀为求活命，曾经亲吻突厥可汗的靴尖，随行大臣都对他唾弃不止。后来，突厥人大兵来犯，武延秀甘做引路向导，又是狄仁杰运筹帷幄，才将突厥人赶了出去。等到突厥和武周政权谈和，武延秀被释放回到朝廷，居然又过上了荣华富贵的日子，他对于狄仁杰自然也是一大威胁。

接下来是武懿宗，此人也是武则天的侄子，武则天称帝之后，他也随之鸡犬升天，并且成为武周政权的军事将领。史料记载，武懿宗嗜杀，曾经与人谈笑间亲自剜出犯人的心脏，其残忍程度丝毫不亚于来俊臣等酷吏。至于武懿宗的能力，后世也多有负面评价，据说他曾经在七步之内射箭，居然三发不中。契丹作乱来犯的时候，武懿宗受命率领十万大军前去征讨，与契丹兵锋相较之际，居然不战自溃，他带领亲信一路狂逃猛窜，武周士兵紧随其后，丢盔弃甲，兵器丢了一路。契丹兵不敢深入，抢掠一番之后回撤，武懿宗回到京城之后，居然以胜者自居，设宴款待出征将士，为时人所不齿。对于这样一个人，狄仁杰自然不愿与之为伍，明里暗里多有不屑，因而与之交恶。

为了收拾残局，武则天再一次派出狄仁杰，这次的情况大为改观。他不仅大力恢复战区百姓的农业生产，而且优待俘虏，并据此招降了契丹猛将骆务整和李楷固。狄仁杰上书武则天重用此二将，得到武则天的首肯，同时给二将封了大官。在此之后，狄仁杰坐镇后方，骆务整和李楷固突入契丹腹地往来冲突，最终荡平了契丹之地。值得一提的是，李楷固还在作战过程中招降了自己的兄弟李楷洛，李楷洛归降之后生养了一个勇武非常的儿子，乃是平定安史之乱的主要将领李光弼。

总而言之，狄仁杰面对的武氏宗亲，就是这样一班无用货色，于公于私都要求他做出回复李唐政权的决定。简单来说，武则天在世时，这群纨绔子弟还有所顾忌，只要武则天一死，他们必定为祸朝堂，到时候受苦的还将是天下百姓。然而，武氏宗亲虽然一个赛一个的不争气，但无奈武则天颇有政治手腕，即便是狄仁杰也被她玩弄于股掌之中。在这种情况下，狄仁杰就不得不把目光放长远，将恢复李唐政权的计划推迟到武则天驾崩之后实行，眼下只好为届时的计划多做准备。

第三章
匡扶李唐

武周政权当中有很多大臣都想恢复李唐旧制,但这件事最终还是由狄仁杰完成了,他的个人智慧和所起的作用自然可想而知。一般认为,狄仁杰对李唐政权有再造之恩,这种说法是毫不为过的。如果没有狄仁杰,即使李唐宗室能够恢复河山,也必定要经过一番乱局。但可惜的是,唐中宗李显并不是一个治世之君,却还是被狄仁杰推上皇位。这其中,狄仁杰和武则天的微妙关系一直起到重要作用,同时也贯穿了整个武周时期,并最终决定了中国历史的走向。

老骥伏枥

凭借武则天的倚重,狄仁杰在此期间也得以推行一系列利国利民的好政策。其中最重要的成果,就是说服武则天册立李显为太子,也就是在武则天驾崩之后，国家政权将遵循法律程序回到李唐宗室手中。应该说，狄仁杰的做法是颇具智慧的，一方面他为武则天的治国不遗余力，从而让武则天对他的倚重与日俱增；另一方面，他又坚决要求武则天传位给李唐宗室，当武则天意识到自己的侄辈实在不堪重用后，恢复李唐政权的事也就这样定下来了。何况，除了狄仁杰之外，还有很多大臣都主张恢复李唐旧制。

宰相刘仁轨就是其中之一，他是高宗朝的元老，曾经建立不世功勋，武则天在他面前都要算作后辈。但此人在从政后期变得越发圆滑，虽然在朝堂之上分量很重，却不愿为了李唐宗室押上自己的身家性命。致仕之前，以刘仁轨的精明早已看出武则天的称帝野心，于是他找了机会和武则天大讲吕后。吕后就是汉高祖刘邦的皇后吕雉，在刘邦驾崩之后她便开始弄权，任用了一大批吕姓宗亲。大臣们虽然一时忍辱负重，却在她死后还是将吕氏一族铲除殆尽，吕雉也被冠以专权的历史罪名。

刘仁轨的意思很明显，自古女性当权就不被中原王朝所容，即便是像吕雉一样精明的人，也只能保障生前无虞，死后却为自己带来恶名，同时也为自己的宗亲带来祸患。但是刘仁轨哪里知道，武则天的野心比吕后更大，那就是直接改朝换代，自己当皇帝。但是，对于刘仁轨这样的前朝遗老，武则天只能好言安抚，并且让他们安享荣华富贵。因为这些人虽然已经致仕，但在朝廷中的影响力尚在，如果对他们采取强硬的态度和措施，不仅会造成舆论方面的不利，而且会为自己带来明里暗里的障碍。

为了安抚刘仁轨，尤其是安抚他手下的一众残余势力，武则天派自己最得意的侄子武承嗣为其送行，并且把场面营造的颇为壮观。刘仁轨的心理需求得到充分满足，也就心满意足地去长安（今陕西长安）做他的西京留守了，至于李唐江山是否更名改姓，抑或将来是不是恢复李唐旧制，则完全不在他的考虑范围之内了。刘仁轨作为高宗一朝最具分量的大臣，却采取这样敷衍了事的态度，自然让武则天称帝的阻力大为减小。或者即便刘仁轨拼尽全力阻挠武则天，最终结果也不会有太大变化，他的做法只能说为狄仁杰恢复李唐保存了力量。

当然，以唐朝之盛，以太宗胸怀的宽广，朝堂之上不可能没有刚烈之士，比如同样身居宰相重位的李昭德。此人颇具政治才干，尤其在工程建造方面有很高的造诣，年纪轻轻就当上了宰相。武则天称帝之后，他虽然选择了归附，但处处与武则天为难，可以说是正面反对武则天当政的代表人物，与刘仁轨形成了鲜明对比。比如武则天要拜武承嗣为宰相，李昭德策动了一众大臣反对，最终迫使武则天作罢。武承嗣因此感到压力，加紧指使爪牙王庆之游说武则天废李旦，并且立武承嗣为皇太子。李昭德得知此事之后，居然找个理由亲手将王庆之乱棍打死，此举让武承嗣及其势力销声匿迹了好一阵子。

与此同时，李昭德也在对武则天加强理论攻势，全力劝阻她册立武承嗣为太子。李昭德的说法很简单，自古以来的皇位都是父子相传，女性执政基本都属于过渡时期。如果武则天把皇位传给武承嗣，他也会遵循这样的惯例，追封自己的父亲为先皇，同时把皇位传给自己的儿子。届时，他会把自己的姑姑武则天摆在哪里，恐怕没人能够说清，何况武则天和武承嗣之间还有一段家庭恩怨。相反，先皇高宗是武则天的丈夫，皇嗣李旦又是她的亲生儿子，如果皇位按照惯例传承，武则天身后自然会被子孙后代祭拜。李昭德的这番理论，显然是经过慎重考虑的，至此他并没有表现出自己的顽固一面。

然而，当李昭德隐隐觉得自己能够左右武则天的意志之后，想法和做法就变得越来越过激了。武则天想要登基称帝，舆论攻势必然要做足，具体来说就是制造所谓的祥瑞，武承嗣首开先例，后来追随效仿者便不计其数。应该说，每个大臣心中都知道祥瑞是无稽之谈，但是武则天毕竟要愚弄迷信无知的老百姓，为自己登基称帝奠定民意基础。对此，李昭德对于各种各样的祥瑞事件露头就打，并且脾气越来越火爆，举动也越来越粗鲁。应该说，李昭德凭借自己的强硬做派，将武氏宗亲的势头压了下去，当然也将武氏宗亲得罪了个遍，而接下来他所得罪的势力，就足以为自己招来杀身之祸了。

前面已经说过，武则天之所以能够让李唐政权平稳过渡到自己手中，主要原因就是她培植了一支强大的酷吏势力。李昭德作为正直大臣的代表，自然与酷吏一党势不两立，因而他与来俊臣等人的仇怨很早就结下了。李昭德虽然品性正直，却是一个手狠心黑之人，他与来俊臣过招，绝不仅仅停留在口头对骂。比如来俊臣的得力干将侯思止，就是死于李昭德之手，而且手段和杀死王庆之如出一辙。当时，武则天初临天下，为了赢得好口碑，提倡勤俭节约。侯思止在这个时候得势，暴发户心理使然，每天奢侈无度，李昭德将此事查实之后，便将他杖杀在了朝堂之上。

李昭德的以恶制恶，很快遭到了酷吏集团和武氏宗亲的联手打击，来俊臣再次使用一成不变的诬告谋反手段，将李昭德下了大狱。此时，虽然已近酷吏当政末期，但是武则天想让李昭德死，他最终也就冤死法场了。值得一提的是，就在李昭德下狱后不久，以来俊臣为代表的酷吏一党失势，来俊臣也被下狱，他和李昭德几乎在同一时刻走上法场。而同样是走上法场的两个人，来俊臣受刑后百姓争先啖其肉，李昭德受刑后来百姓却哀呼奔走，自发为其举行悼念活动。由此可见，老百姓有时虽愚，但公道自在人心，任何有悖天理人心而行事的人，都将面临可悲的下场。

还有一个具有代表性的人物，乃是前面提到过的魏元忠，此人性情沉稳，性格颇为持重老成，凡事都会三思而行。与此同时，魏元忠的政治才干也很卓越，尤其善于军事谋划，属于典型的参谋型人才，多次立有战功。当然，作为一位正直大臣，魏元忠也有自己坚守的底线，那就是绝不与武氏宗亲和酷吏集团同流合污。虽然魏元忠极力避免和以上两股政治势力正面交锋，但是他的能力非常突出，资历又极为深厚，还是不为以上两股政治势力所容，因而有了两次下狱的经历，并且每次都是被判死刑后得到赦免。最终，魏元忠因为得罪了武则天的面首，还是被发配到了岭南（包括今天的广东、广西和海南全境，以及湖南和江西部分地区），直到武则天驾崩才得以回朝。

应该说，尽管上述大臣们淡出政治舞台的名目各不相同，但实际原因却只有一个，那就是他们都反对武周政权，至少是反对武则天把地位传给武氏宗亲。这一点，以狄仁杰的睿智和老道不会看不出来，因而当上述大臣作为先例摆在他的眼前时，究竟做何选择是极为艰难的。然而，狄仁杰还是做出了一位正直大臣该做的选择，并且最终实现了自己的计划，同时也是诸多正直大臣的政治愿望。一般认为，狄仁杰之所以能够一枝独秀，完成前人无法完成的历史重任，跟他的性格有莫大关系。

　　首先，狄仁杰是有自保意识的，被诬下狱而不打自招就是一个佐证，说明他虽然是一个理想主义者，却懂得一切从现实出发；其次，狄仁杰做事讲求尺度，古语说"治大国如烹小鲜"，可见掌握火候在政治活动中的重要性。面对武则天的精明和强干，狄仁杰总能找到适当的时机抒发己见，因而哪怕对武则天有所忤逆也不会致罪；最后，也是最重要的，狄仁杰对于自己的政治信仰和操守非常坚定，当他意识到皇权必须交到李唐王室手中，国家才能够长治久安后，就树立了回复李唐的政治目标，并且为此矢志不渝地奋斗。

一力定乾坤

　　唐高宗驾崩之后，太子李显继位登基为唐中宗，武则天代理朝政。这个时候，中宗皇帝实际上只是一个傀儡，可惜他并不能够正视这一点，做出了很多忤逆武则天意愿的事。因此，中宗皇帝登基仅仅两个月后，便被武则天随便找了个借口废为庐陵王，中宗皇帝的弟弟李旦被武则天扶上皇位，是为唐睿宗。睿宗皇帝能够判明形势，他采取妥协退让的做法，请求武则天把自己的帝位降为皇嗣，这才让武则天登基成为女皇。面对睿宗皇帝的"配合"，武则天到底没有为难他，但是对于被废掉的中宗皇帝李显，她就没那么客气了。经过一路流放，李显一直被流放到房州（今湖北房县），才终于落下脚来。

此时的李显，生活全面陷入绝境，他被刻意安排在李泰（唐太宗第四子，在皇位争夺战中落败，后死于流放地房州）病死的宅子里。由于到了完全任人摆布的地步，李显完全对未来失去了希望，而且每天战战兢兢，生怕自己的母亲武则天会派人来杀害他。再加上他最为倚重的亲家韦玄贞一族也遭到武则天铲除，李显甚至已经丧失了求生的意愿，每天只是消极地坐以待毙。庆幸，李显的妻子韦氏性格坚毅，在她的鼓励和帮助下，李显熬过了最为艰难的时期。当然，在武则天执政期间，李显的危机始终没有终止。比如在徐敬业叛乱的时候，打的旗号就是恢复李显的帝位，这自然会把李显置于九死之地。应该说，李显对于武则天来说是一个不小的隐患，如果没有狄仁杰等人暗中运筹，他可能早就被武则天暗害了。

武则天执政末期，继承人问题日趋突出，而呼声最高的继承者就是李显。但是，一个血淋淋的事实又摆在所有人面前，那就是一旦在继承人问题上触怒了武则天，都不会有好的结果，李昭德和魏元忠等人的下场就是例子。因此，虽然所有人都在关注这一问题，但实际上敢于有所作为的人凤毛麟角，甚至可以说只有狄仁杰一人。而狄仁杰的做法一如既往的稳扎稳打，他抓住所有时机在武则天面前提到李显，并且想尽办法把话题引到皇位继承问题上。尤其是在建立功勋的时候，武则天通常会询问他想要什么封赏，狄仁杰多半就会提到皇位继承问题，这就让武则天逐渐受到了狄仁杰的影响，她的想法有了一些改变。

然而，尽管狄仁杰能够察言观色，不至于触怒和忤逆武则天，但是武承嗣和武三思等人时常在场，狄仁杰所冒的风险还是不容忽视。一次，武则天梦到一只折断双翅的鹦鹉，第二天早朝的时候让群臣解梦。狄仁杰立即抓住时机说，"鹦鹉"当中带了一个"鹉"字，指的就是武则天，而双翅则代表她的儿子，一个是皇嗣李旦，一个就是庐陵王李显。在场的武承嗣和武三思立即攻击狄仁杰诅咒武则天，说他想让武则天折翅，显然有莫大的不臣之心。狄仁杰只好倚老卖老，当庭和二人展开激辩，直到武则天出言调和才使双方作罢。

又有一次，武则天梦见自己下棋，下着下着忽然棋子不够了，但是四处寻找棋子却找不到。武则天多少还是有些迷信的，于是又想找人解梦，而她第一个想起的就是狄仁杰。为了避免出乱子，这一次她私下召唤了狄仁杰，而她得到的答案是"棋子"代表"子"，没有"棋子"了，就代表没有"子"了。再说明白一点，就是说武则天没有儿子了，因而狄仁杰话锋一转，又扯到了迎回庐陵王李显的话题上。武则天虽然知道狄仁杰有政治意图，却也从侧面了解到了群臣的真实想法，再加上狄仁杰出言必从她的角度考虑，武则天也就默认了狄仁杰的说法。

当然，狄仁杰之所以敢于得罪武氏宗亲，不仅因为他有着深厚的政治资历，而且有武则天的宠信为依靠。事实上，武则天也曾正面询问过狄仁杰皇位继承的问题，甚至问他能不能在武氏宗亲中挑选一位，以便防止自己死后遭到清算。对此，狄仁杰只用一句话就坚定了武则天的想法，他对武则天说，"姑姑和侄子的感情固然亲近，但是和母子之间的感情比起来，恐怕还要疏远一些，陛下何以相信侄子而不相信自己的儿子呢？"从某种程度上来讲，正是由于狄仁杰说出了这句话，才让武则天下定最终决心。尤其值得一提的是，狄仁杰所说的这句话，当年的李昭德也曾经讲过，最终的效果却是天壤之别。可见，他和狄仁杰的智商虽然不相上下，情商却恐怕有所不及。

与此同时，狄仁杰还把一个基本事实摆在武则天面前，那就是他的政治主张绝不是自己一个人的主张，而是有着广泛的群众基础。比如前面提到的刘仁轨、李昭德和魏元忠等人，虽然他们在政见上有所不同，但是在恢复李唐政权的意见上却高度一致。而反观武氏宗亲，非但都是一些不堪重用之辈，而且普遍遭到大臣们的厌恶。等到武则天一死，武氏宗亲势必遭到一次猛烈攻击，到时候他们尚且难以保全自身的性命，又谈何维护武则天的身后名。相反，如果武则天能够传位于李唐宗室，不仅能够维护朝廷稳定，同时维护她的身后名，同时也可以提早安排武氏宗亲退出权力角逐舞台，从而让他们免遭一劫。

不可思议的是，在皇位继承问题上，狄仁杰居然还把面首集团拉到了自己的阵营当中。武则天和男性君主一样，对异性也有生理和心理方面的双重需求，因而豢养了一批容貌俊美的年轻后生，其中以张宗昌和张易之兄弟为代表。狄仁杰找到机会宴请二张，席间以完全为他们考虑的姿态说："你们二人之所以能够在朝堂上呼风唤雨，并不是有功于社稷，而仅仅是凭借陛下一人对你们的喜爱。但是现如今，陛下已经七十多岁了，你们却年方二十，不得不做长远打算，为自己的将来考虑啊。"二张都是徒有虚表之人，闻语连连求教，狄仁杰于是告诉他们说："全天下都在期待恢复李唐政权，如果你们能够劝说陛下还政李唐，于国于民就是功德一件，陛下百年之后，我也好保你们一生荣华。"

以二张为代表的面首集团，所扮演的角色相当于男性君主的后宫势力，说得通俗一点，他们能够给武则天吹枕边风。狄仁杰把他们引为己用，虽然让一些正直之士颇有微词，但是从现实角度来讲，显然是非常具有智慧的做法。从更深一层含义来说，当武则天的面首集团也倒向了恢复李唐的势力后，武氏宗亲就被彻底孤立了。武则天作为一个精明透顶的政治家，不可能意识不到在政治上被孤立是多么严重的问题，因而狄仁杰的做法相当于是把所有能够左右武则天想法的因素都考虑到并利用上了。事实证明，面首集团倒向狄仁杰阵营，终于成了压在骆驼背上的最后一根稻草。

唐圣历元年（698），就在狄仁杰苦苦考虑如何再次劝谏武则天迎回庐陵王的时候，忽然接到一封秘信，被流放在房州的庐陵王一家要来京城看病。这封信即便在普通人看来，也可谓万分蹊跷，何况摆在足智多谋的狄仁杰面前。原因很简单，如果庐陵王想要看病，去哪里不行？为什么非要到京城来？而且是全家人都来？答案只有一个，武则天要秘密迎回庐陵王，只是迫于当时错综复杂的政治环境，为保万无一失才如此行事。果不其然，武则天于某日忽然召见狄仁杰，并且一改常态，主动向他谈起皇位继承人问题。心知肚明的狄仁杰还想装一会儿糊涂，武则天却不等他说完，起身从大帐后拉出李显，颇带些嗔怪之意地说："还卿储君。"

作为一名成熟的政治家，狄仁杰在这个时候表现出了应有的智慧和风范。他按例向庐陵王行礼，然后转身对武则天说，庐陵王回朝要举行相应的迎接仪式，不能如此悄无声息，否则有失朝廷体统和大国风范。狄仁杰的用意很明显，庐陵王虽然回到京城，但是知道实情的人还很有限，大多数人仍处在猜测的阶段。而既然武则天已经说了"还卿储君"的话，说明她已经默认了传位李显的事。但此时所有的事情都在秘密进行，说明武则天还给自己留有退路，或者说她并没有下定最后的决心，所以狄仁杰自然要把这件事尽快落实。

武则天既然已经迎回了庐陵王，狄仁杰的要求便不过分，同时她也清醒地意识到，自己能够用以回旋的余地已经不多了。于是，武则天同意了狄仁杰的要求，把李显请出城外，安置在洛阳城外最奢华的龙门客栈。同时由狄仁杰统一筹划，百官从旁配合，重新举行规模盛大的迎接仪式。这样一个看似流于形式的迎接活动，其政治意味是明显的，即李唐复国的事情已经板上钉钉了。此事一出，朝野官民奔走相告，比任何一次朝廷大赦都要影响深远，一时间真可谓普天同庆。武则天将这一切看在眼里，在感念自己做出正确决定的同时，也体会到了莫大的无奈。

然而，此时还有一个人比武则天更加无奈，他就是武氏宗亲中最有可能继承皇位的武承嗣。他将杀父之仇抛诸脑后，为武则天鞍前马后耗费毕生心血，最终却还是竹篮打水一场空，半年之后就郁郁而终了。继他之后，武氏宗亲中再没有能够撑起场面的人，天下大势由此乾坤定鼎。同年，皇嗣李旦将皇太子位还于李显，李唐王室的最高权力顺利完成交接，再次为李唐复国上了一道保险。就在这个时候，突厥忽然来犯，满朝惶恐的同时，狄仁杰却露出了久违的微笑。他说动武则天任命李显为大元帅，领大兵前去平定战乱，狄仁杰则出任随军副元帅，在他的全力配合与运作下，突厥之乱很快平定，李显的光芒一时盖过了武则天。

也许有人会说，以武则天的能力和狠毒，如果想要让武氏宗亲继承大统，只要将反对势力清剿干净即可，完全不必做出妥协。这就要说到武则天一生当中最大的无奈，其实只用四个字就可以概括，即人心向背。自古以来成气候的统治者驾驭天下，都要注重从思想和行为上进行统治，李唐建国之后，在李世民时期已经从这两方面完成了统治。武则天虽然在行为上实现了大统，但是在思想上却没有能力或者说没有时间实现统治，因而她的得位始终有不正之嫌。如果武氏宗亲当中有可堪大用之才，能够把武周政权再延续一代，给思想统治工作留出时间，武则天就可能会做出完全不同的选择。狄仁杰能够穿透层层迷雾，精准地抓住这一关键点，不仅延续了李唐政权，免除了民众苦难，同时也为自己赢得了千古美名。

苦果

狄仁杰费尽心机把李显推上皇位，实现了中宗皇帝的第二次登基，但是这位中宗皇帝的作为实在令人痛心。应该说，中宗皇帝登基之后也出现了一番新气象，国家制度都恢复成了李唐旧制，官民也因为对他寄予了很高的期望。但是在此之后，中宗皇帝就表现出了优柔寡断的一面，武则天退位后迁居上阳宫，中宗皇帝不想着关心国家大事，反而始终惦记着武则天，并且对她的失意大感内疚。本来身为人子，这一点也无可厚非，但是中宗皇帝对于武氏宗亲的态度，却表现出了他的迂腐。

作为自己的主要对手,中宗皇帝非但没有限制武氏宗亲,反而助长了他们的势力,比如他把自己的女儿嫁给武三思的儿子,又拜武三思为宰相,再加上武三思和韦皇后有私情……此时,武氏宗亲的势力甚至超过了武则天在位时期。如此一来,武氏宗亲便开始在朝廷上下大肆排除异己,很多拥立中宗皇帝登基的正直大臣都遭到了排挤。这还不算,武三思在中宗皇帝的庇护之下,居然大兴腐败之风,搞得李唐政权乌烟瘴气。后来,武氏宗亲和李唐宗室的矛盾日趋激化,中宗皇帝却只想着平衡双方的矛盾,又没有足够的能力,以至于双方的矛盾被积压之后猛烈爆发,为国家带来了极大祸患。

个人方面,中宗皇帝也很不注重自己的形象,经常不经考虑说出一些语不惊人死不休的话。如果遇到高兴的事,他就手舞足蹈,随意封赏身边的人;如果遇到不高兴的事,他就大发脾气,很多人都要为此遭殃;如果遇到棘手的事,中宗皇帝又会妄自菲薄,甚至动不动就要寻死觅活。在政治方面,中宗皇帝同样无一是处,经常做出一些让正直大臣心寒的事。一次心血来潮,他居然让满朝文武举行了一次拔河比赛,一些年纪大的臣子因体力不支而跌倒受伤,他却和皇后在看台上连连叫好,全没了国家的体统和皇帝的尊严。

接下来还有更严重的问题,那就是中宗皇帝对皇后韦氏极为默许,这一点也和他迂腐的性格有关。韦氏有了中宗皇帝的纵容,越发变得肆无忌惮,居然也想过一把当女皇的瘾。可惜她有武则天的野心,能力却不及武则天的十分之一,因而搞得朝政大乱,官民对新政权燃起的一点希望,很快就被她损毁殆尽,大家甚至开始怀念武则天。这个时候,嫁给中宗皇帝为妃的上官婉儿又帮武三思和韦氏搭上了线,一来二去建立了非同一般的关系。尤其不可思议的是，武三思曾经到后宫当中和韦氏嬉戏，中宗皇帝撞见之后非但没有责怪，反而加入到了嬉戏当中。

令人难以想象的是，中宗皇帝身边还有一位更加胆大妄为的女性，这就是他的女儿安乐公主。都说溺爱是对一个孩子天性的最大扭曲，中宗皇帝显然就犯了这样的错误，他对于安乐公主的要求几乎无所不从。长大成人之后，安乐公主开始参与到政治活动当中，为了谋取私利，开始大肆卖官鬻爵，每当有需要中宗皇帝批复的文书，她就跑去嬉闹一番，而中宗皇帝也总是笑呵呵地如她所愿。如此无法无天地成长，安乐公主最终也生出了做女皇的想法，并且嬉闹着让中宗皇帝封她为"皇太女"，并且得到韦氏的全力支持，意思是中宗皇帝身后由她继承皇位。

看着这些人胡作非为，中宗皇帝又几乎无知地加以纵容，身为皇太子的李崇俊终于坐不住了。唐景龙元年（707），太子联合一些忠于自己的将领，纠集了数百人闯入禁宫，企图斩杀韦氏和安乐公主等人，结果却因为是不缜密被禁卫军困住。太子毕竟属于谋反作乱，一番鏖战下来，到底大事不成，在逃跑的路上被部下所杀。不过太子此举，也算为国为民干成了一件好事，那就是斩杀了武三思父子。太子虽然失败，但是天下人都为之叹息，感念他是被逼无奈所为。但是中宗皇帝却命人砍下太子的人头，并且拿去祭祀武三思父子，其为人之愚昧，为君之昏聩可见一斑。

更加不可思议的是，中宗皇帝对于把自己推上皇位的狄仁杰，也有着常人无法理解的看法。按理来讲，狄仁杰对于中宗皇帝的登基功不可没，这一点也是他亲身经历和感受的，应该对狄仁杰感恩戴德，并且大行封赏。但是当有人提到这件事的时候，中宗皇帝却无比冷漠地说了三个字——树私惠。意思是说，狄仁杰之所以帮他登上皇帝位，真正的意图是想让自己感谢他，从而谋求更多的利益。且不说这一想法对狄仁杰来说是极大的冤枉，仅说以中宗皇帝的智商，是绝对看不出这一点的，之所以他会这样说，必然是受到了一些奸佞之人的挑拨，以致颠倒了是非，混淆了黑白。

史料记载，曾经有一位官员向中宗皇帝报告，在武则天病重的时候，是狄仁杰说服武则天让他监国。狄仁杰此举，明显是想让他顺利接过国家最高统治权，同时也是为了让万万千民免于祸乱。那位官员之所以报告此事，也是想表明狄仁杰的功劳，说明他在处处为中宗皇帝考虑。但是中宗皇帝却说，狄仁杰在武则天病重的时候应该想着为其治病，而不是想着国家权力，他这样做有不忠不孝的嫌疑，不追究他的罪责已经是法外开恩了。中宗皇帝对狄仁杰的态度，不仅让常人无法理解，同时也让正直大臣们颇为寒心，李唐政权的统治因此陷入一片黯淡。

就在太子势力被连根拔起之后，安乐公主和韦氏的势力开始一支独大，当中宗皇帝在皇位继承问题上有所犹豫时，安乐公主果断下毒鸩杀了自己的父亲。值得庆幸的是，经过狄仁杰的努力，国家政权到底回到了李唐宗室手中，武则天为李唐政权带来的巨大危机，终于顺利度过。安乐公主和韦氏虽然一时得势，但是就在这个李唐政权再次危如累卵之际，唐王朝终于迎来了一位有为之君，在此暂且按下不表。

那么，以狄仁杰的睿智，为什么会拥立这样一位昏君呢？一般认为，最主要的原因在于狄仁杰对李显的了解不足，他只是非常理想地把李显想象成为像太宗皇帝一样的圣君，或者至少也应该是李治一样的守成之君。当然，按照当时的礼法，皇位必须由嫡长子继承，接下来是次子，以此类推。李显虽然是皇三子，但是前面的两个哥哥都死于非命，弟弟李旦排在他的后面继承皇位，同时因为目睹了太多的残酷，又没有心思争夺皇位，李显也就成了当时最理所当然的皇位继承人。而且狄仁杰的主要精力在于恢复李唐政权，并没有精力和时间考察哪一位皇子更优秀，因而才种下如此祸患。

万世楷模

由于狄仁杰的努力，国家权力最终回到了李唐宗室，虽然此时的李显被赐姓武，但是任何人知道，一旦武则天晏驾，他就会恢复李姓。对此，武则天非但没有责怪狄仁杰的意思，反而对他更加倚重。纵观整个历史，武则天和狄仁杰之间的君臣关系最为特别，因为武则天虽然被狄仁杰推翻了皇位，却从始至终一直对他充满尊敬并且非常器重。原因在上述内容中已经提到过，将国家权力传给李唐宗室，是武则天在当时情况下最好的选择，从某种程度上来讲，狄仁杰的做法也的确是在为武则天考虑。

应该说武则天在一生当中遇到过太多的对手，她也是踩着对手的尸体走上皇位的，但是这些对手和她的争斗根本没有悬念，似乎从一开始就注定了武则天会赢。但是面对狄仁杰，武则天却始终无法找到制胜的办法，因为狄仁杰始终就没有把自己当成武则天的对手。从另一个方面来讲，武则天虽然有经天纬地之才，但是在她之下，也确实需要一位忠诚和能干的大臣辅佐，而狄仁杰也确实没有辜负她的期望。无论是入朝为相还是出朝为将，狄仁杰都表现出了卓越的才华，作为武周政权的第一重臣，他所得到的宠信也是名副其实的。

武则天曾经评价狄仁杰说："治理天下把自己当成了管仲和乐毅，辅佐君主也要帮助君主成为尧舜。"在第二次担任宰相之后，狄仁杰向武则天表达了明确的政治立场，即武周政权是临时性政权，武则天虽然身居帝位，却属于监国者。要知道，此时正值武则天大举培植酷吏集团之际，诸多正直大臣纷纷倒台遭殃，很多大臣甚至因为莫须有的罪名下狱被杀。而狄仁杰以如此姿态示人，却最终得以独善其身，不得不说武则天在内心当中把他放在了极为特殊的位置。

众所周知，武则天生性狠毒，连自己的亲生子女同样敢下死手。酷吏统治时期，武则天更是对满朝文武大兴杀戮，狄仁杰不仅终止了酷吏统治，同时也让武则天的性格大为转变，于国于民都可谓善莫大焉。对此，武则天对狄仁杰做出了这样的评价，"之前的文武百官没有及时阻止朕的厉行，一些奸佞之臣甚至从旁助长，以至于陷朕于不仁不义。卿（指狄仁杰）能够直谏言明其中的利害轻重，让朕知道上天有好生之德，实在没有比卿更体贴朕的心意了。"可以说，武则天这番话道出了君臣二人之间最为重要的交流基础，说白了也就是"体贴"二字，这也从侧面表明了狄仁杰的情商之高。

狄仁杰除了为武周政权呕心沥血,他也为武则天举荐了大批贤才,这些人和玩世不恭的武氏宗亲以及自身难保的李唐宗亲不同,大部分精力都用在了国家社稷上,可以说是他们撑起了整个武周政权。尤其是到了武则天执政晚期,随着酷吏集团的覆灭和正直大臣的凋零,狄仁杰庇护下的一批官员纷纷成为国之栋梁。值得一提的是,狄仁杰此举还有更深一层的意味,那就是他所举荐的大批贤才,都是坚定的李唐政权拥护者,这些人的执政自然就为恢复李唐政权的回归奠定了坚实基础。

与此同时,后世史家还分析出狄仁杰和武则天关系密切的一个原因,那就是狄仁杰性格中耿直一面所起到的作用。简单来说,但凡君王都希望自己能够得到一个贤名,而得到贤名最好的方法就是拥有一位诤臣。太宗皇帝美名传遍天下,其中很大一部分缘故是因为他有一个魏徵,武则天想要得到贤名,自然也需要一个"魏徵",而狄仁杰无疑正是最佳人选。从某种程度上来讲,狄仁杰也正是抓住了武则天的这一心理,才敢于在情况允许的情况下犯颜直谏,当然他会将尺度把握得恰到好处。

比如武则天一生信佛,她的母亲杨氏是一位虔诚的佛教徒,她本人也曾因故削发为尼,其子李弘更是著名佛学大师玄奘的弟子。因此,武则天对于佛教活动向来持欢迎态度,再加上她喜欢大兴土木,全国各地的官员为了讨好她,都开始大举兴建寺庙或举办大规模佛教活动,而所需花费自然要落在老百姓的肩上。更有一些不法的官员,借着修建寺庙的幌子,对百姓横征暴敛,很快造成全国上下民怨沸腾。唐久视元年(700),武则天在一众谄媚大臣的怂恿下,准备在洛阳兴修一尊巨大的佛像，由于花费实在巨大，武则天竟然让全国人民全部按人头出资。

眼见一场灾祸要席卷整个大唐朝野，狄仁杰不顾亲友反对，冒着极大风险向武则天上书进谏，要求她停止此项佛像建造工程。当然，狄仁杰的上书内容有理有据，他不仅列举了历史上痴迷佛教的皇帝为反面事例，还大讲佛教宗旨是为了救国救民，因而绝不能大兴土木地去劳民伤财。武则天内心当中对于狄仁杰的劝谏是极为反感的，但是表面上却不动声色，并且答应建造佛教的事情就此停止。后来，又有奸佞大臣上书武则天建造佛像，狄仁杰则对这些人露头就打，以至于武则天大规模修建佛像的事情始终未能如愿。狄仁杰过世之后，奸佞大臣再次上书武则天请求修建佛像，这个时候也有大批正直之士站出来反对，武则天却丝毫不予理会，自顾修建了大批佛像，可见狄仁杰在武周一朝的分量之重。

事实上，武则天不仅把狄仁杰当作臣子，而且把他当成朋友和老师，所谓亦师亦友。比如她从来没有直呼过狄仁杰的名字，而是亲切地称呼他为国老，国事家事多曾询问他的建议。按照当时的规定，宰相需要轮流在晚上值班，但是武则天却给了狄仁杰一个特权，那就是可以不来或找人代替。武则天外出巡游的时候，所有大臣都要多人住在一个房间内，狄仁杰却可以一个人独住，并且通常住在距离武则天最近的地方。甚至君臣之间的跪拜之礼，武则天对狄仁杰都是能免则免，即使出席正式场合不能避免，武则天也会让人上前搀扶，甚至曾经多次亲自上前搀扶或免礼。

一次出游，骑马随行的狄仁杰忽然遇到一阵风沙，坐下骏马因此受惊狂奔。要知道,狄仁杰是一个文官,骑术本身就很寻常,而且年事又高,当时的情形之危机是不难想象的。武则天见此,情急之下居然让太子上前执马,而太子也确实毫不犹豫地依言行事了。众所周知,太子乃是国家储君,将来要成为皇帝的,因而让太子为臣子执马,几乎可以说是对太子的侮辱,当然也是对臣子的极大宠幸,而武则天就是对狄仁杰做出了这样的优待。不难想象,当这幅场景出现在众官面前,狄仁杰的威信必定大为提升,武则天对于他的宠信真可谓无以复加。

第四章
最后的时光

狄仁杰作为我国历史上的著名政治家,尽管他被很多艺术作品神化,但是其本身也是一个普通人,因而在他的人生当中也有一些不足之处。当然,功过相抵之下,狄仁杰留给当时和后世的正面影响显然更大,而且这不仅包括他本身为李唐政权所做的贡献,还包括他为李唐政权留下的大批栋梁之材。然而,武则天虽然默认了皇位的继承问题,但是武三思集团和太平公主集团等却蠢蠢欲动,尤其是在武则天疏离朝政之后,在面首集团的兴风作浪下,整个唐王朝陷入了一片混乱当中。

人无完人

唐神功元年(697),狄仁杰通过一番考量,决定撤除安西四镇,并且上书武则天,群臣为之哗然。要知道,安西四镇乃是太宗皇帝所置,当时四镇所在的西北地区还在高昌政权统治之下。国王鞠文泰在隋朝时原本和中原政权建立了良好的交往关系,但是到了隋朝末期,天下大乱,恰使新生的唐朝百废待兴。趁着这个空当,鞠文泰和突厥联合反唐,并且不断兴兵作乱。如此一来,高昌国的势力持续膨胀,鞠文泰不断侵夺一些小国政权。而这些小国的政权大多都是亲近李唐王朝的,他们无力抵抗,只有不断向唐朝求援。

众所周知,唐朝之所以能够成就万世之盛,很重要的一个原因就是加强了和中亚地区的经济联系,具体交通路线就是我国历史上赫赫有名的丝绸之路。而丝绸之路的所在地,就是高昌国所盘踞的势力范围,这就让唐王朝在经济上蒙受了巨大损失,同时也形成巨大阻碍。于是,在西域各小国政权的求助下,太宗皇帝决定出兵攻打高昌国。但是在鞠文泰看来,唐朝和高昌之间隔着千里荒漠戈壁,而且灾害性自然天气频发,太宗皇帝不可能轻易来犯。事实也正是如此,以粮食补给为例,唐朝一名后勤人员如果想要送往前线一袋粮食,那么他必须带上三袋,因为一去一回的路上他自己就要消耗两袋。

然而,以太宗皇帝的雄才伟略,自然能够看清丝绸之路的重要性,它不仅在经济上非常重要,在政治上也有很大分量。于是,太宗皇帝果断下令,派出大军前去征讨,以至于在鞠文泰始料未及的情况下,忽然神兵天降,高昌政权根本不敌身经百战的唐朝大军,顷刻间土崩瓦解。取得胜利之后,高昌国的势力范围随即纳入唐朝版图,原本的高昌国也就成了唐朝的西北地区。为了维护这一地区的长期稳定,同时也是为了让丝绸之路保持繁华,太宗皇帝在龟兹(今新疆库车)、焉耆(今新疆焉耆)、于阗(今新疆和田)和疏勒(今新疆喀什)驻扎了大批军队，这四座城市就被称为安西四镇。

总而言之，丝绸之路乃是唐王朝最为重要的经济命门，安西四镇也就成了这条经济大动脉的重要保障力量。有了这样的大前提，狄仁杰却忽然说要撤除安西四镇，自然让群臣无法理解和接受了。然而，狄仁杰这样做也有他的想法，因为太宗皇帝虽然设置了安西四镇，但是西北地区毕竟属于唐王朝鞭长莫及的地区，所以只要中央地区发生祸乱，吐蕃就会趁机袭取该地区。到了太宗皇帝晏驾之后，安西四镇曾经多次被占，唐朝名将程知节（即程咬金）、薛仁贵和前面提到的李敬玄，都曾被吐蕃军队打败。直到武则天登上皇位，凭借她的经天纬地之谋略，才开始着手处理西北地区的乱局。

唐长寿元年（692），武则天委任王孝杰为兵马元帅，统领大军前往西北驱逐吐蕃。王孝杰当年曾经和李敬玄一起出兵作战，兵败后被吐蕃俘获，得到了对方的巨大优待。但是王孝杰"身在曹营心在汉"，他意识到唐军对吐蕃作战屡次不利，最主要的原因是对吐蕃内部不够了解。所谓"知己知彼，百战不殆"，于是王孝杰长期潜伏了下来，直到多年之后才借机逃回唐朝。但是，王孝杰的所作所为，毕竟只是他一个人的想法，并不是出于唐王朝的官方安排。所以当时有很多人担心，王孝杰在吐蕃待了那么久，没人能够保证他仍然一心一意想要为唐王朝效力，而是可能已经被吐蕃策反，此次回来乃是做奸细的。

这个时候，狄仁杰的胆识表现出来，他不顾群臣反对，向武则天力荐了王孝杰。前面已经说过，武则天对于狄仁杰的宠信，已经到了让人无法理解的地步，这一次同样如此。不过，即便狄仁杰向武则天力荐了王孝杰，大多数人还是认为，武则天根本不可能任用王孝杰。

要知道，收复西北动辄需要十几万的大军出征，胜败之间将会关乎国家命运，统治者怎么能将如此重任交到一个前事不清的人手上呢？但是，武则天之所以能够成为我国历史上唯一的女皇，绝不是一次偶然事件，她总归有自己思考和行事的一套哲学，这也让她最终接受了狄仁杰的举荐，将重任交给了王孝杰。

事实证明，狄仁杰和武则天的决定非常正确，王孝杰一心为国，忍辱负重那么多年，又在议论纷纷的情况下请命，武则天对他的任命是一种信任，更是一种激励。出征之后，王孝杰凭借自己对吐蕃的了解，连战连捷，一举收复了安西四镇，留下少数兵力镇守后凯旋。狄仁杰亲自迎接了王孝杰，武则天更是对他大举封赏，一时间官民弹冠相庆，整个国家张灯结彩。如此一来，吐蕃也感觉到了中原王朝的强大，主动派遣使节来求和，唯一的条件就是撤掉安西四镇，这也正是狄仁杰做出上述建议的原因所在。

狄仁杰的建议有四个立脚点，具体内容包括：

一、天意地理论。武则天的迷信是狄仁杰所深知的，因而他首先还是从这一点着手做文章。他指出，中国（指中原政权）东边是大海，南边是群山，西北是大漠，北边是草原，与外界天然隔绝。这是上天为我们营造的王道乐土，因而实在没有必要远出西域，与那里的夷狄小族争长论短。紧接着他做出结论，我们应该老老实实地守在中原，夷狄小族也应该老老实实地守在边疆，彼此之间都要各安其分，不能相互侵扰。狄仁杰的这一观点，显然带有儒家思想中有史以来的局限性，认为天下之大不过中原地区，实在难免井底之蛙的嫌疑。当然，狄仁杰是为了说服武则天，如此才从这一方面入手，想来也无可厚非。

二，以夷制夷论。中原政权对边疆少数民族政权用兵，大多是因为他们对中原地区的袭扰，因而对于中原政权来说，只要与少数民族政权相安无事就好，这也是我国数千年来始终被动用兵的原因所在。即便是太宗皇帝，之所以和松赞干布交好，而不是派兵将吐蕃政权覆灭，也是出于这一原因，所谓用最小的付出换取最大的胜利是也。狄仁杰从这一点出发，建议武则天在西北地区建立亲近中原王朝的本地民族政权，让他们自己去治理自己，以此来减少甚至避免在西北用兵的军费负担，客观来讲也是可以接受的建议。

三，兵为凶器论。古之统治者的最高政治艺术称为内圣外王，但是在"外王"方面也要尽量做到"圣"，简单来说就是以德服人。太宗皇帝和吐蕃建立良好交往，最主要的措施不是刀兵相向，而是将文成公主嫁给了松赞干布。如果当年太宗皇帝大动干戈，对吐蕃政权加以剿除，两国之间必定祸患无穷，遭殃的不仅是朝廷，百姓也过不上好日子。以太宗皇帝的英明神武，仍然要采用怀柔政策，武则天自然没有理由对吐蕃用强，狄仁杰的这一观点也是能够站住脚的。

四，整体国防论。对于中原政权来说，虽然四面都有天险隔绝，但是在天险之外，毕竟还有其他地方。对于李唐政权来说，中原地区的统治已经力不从心了，且不说钩心斗角的政治纷争，在交通和通信极为不便的当时社会，中央政权对各地方政权能够实施有效统治已经非常不错了。因此，中原政权在完成大一统之后，对中原以外的地区通常只是凭借天险采取防御性国防策略。原因很简单，天险之外的地方实在太大了，朝廷是统治不过来的，何况那里又都是"荒蛮未化"之地。

总体来说，狄仁杰的主张看似有理有据，实际上却忽略了一个重大隐患，而武则天在这件事上的处理，也足以说明他对狄仁杰的宠信并不盲目。唐朝的首都在长安（今陕西西安），在这里建都虽然可以算作中原政权，但是已经超出中原地区。当然，唐朝的统治者在长安建都也是经过慎重考虑的，包括各个方面的因素。简单来说，这里可以算作中原政权里的中原政权。如果说中原地区四面都是天险，那么长安所在的关中地区在小范围内更是如此，因为这一地区的东面有函谷关，南面有秦岭，西面有陇山，北面有黄河。更为重要的是，关中地区自古就是沃野千里，农业文明非常发达，在这里建立政权自然可以占尽"进可攻，退可守"的优势。

然而，在上述四面天险中，西面的祁山是最薄弱的，通常都要有大军驻防才能保证长安无虞。三国时期的诸葛亮，每次进攻魏国都要绕过南面的秦岭，转而从西面的祁山进入关中地区，就是一个很好的佐证。因此可以说，太宗皇帝之所以进军西北，保住丝绸之路这一经济命脉固然重要，彻底守好大唐帝国的西大门才是最根本的原因。武则天在政权稳定之后首先对西北用兵，大多也是判明了这一点，狄仁杰却偏偏想要主动放弃安西四镇，尽管有吐蕃政权的议和请求做前提，武则天也不得不做出慎重考虑。

应该说，狄仁杰的光芒在武周一朝几乎掩盖了其他所有大臣，而武则天的此次迟疑，也终于给了其他大臣登上历史和政治舞台的机会。第一个站出来反对狄仁杰的大臣名叫崔融，针对狄仁杰的几点理论根据，他也说出了自己的主张，具体包括以下四点：

一，积极对敌说。崔融从根本上就认为狄仁杰同意议和的做法是消极的，吐蕃为什么会派遣使者来议和？一个最主要的原因就是王孝杰收复了安西四镇，他们感觉到了威胁的存在，所以才出此下策。如果按照狄仁杰的主张去做，也就是主动撤出安西四镇，不要说保证西北地区的长期稳定，吐蕃能不能把议和继续谈下去都未可知。因此，与其跟吐蕃议和，不如加强军事震慑，让他们不敢轻举妄动，总体上实行以攻为守的策略，这样才是积极应对的做法。崔融的建议代表了当时一批大臣的想法，因而也受到了武则天的关注，狄仁杰的建议由此被按了下来。

二，前车之鉴说。这是崔融主张中最为重要的一点理论根据，同时也是武则天始终耿耿于怀的地方，也就是在高宗时期，大唐王朝曾经主动放弃过安西四镇。当时的情况与此次如出一辙，也是吐蕃主动提出议和，并且以唐朝在安西四镇撤兵为条件。然而，高宗皇帝答应了他们的条件后，换来的却是吐蕃大举来犯。由于高宗皇帝性格软弱，未能制定强有力的国防政策，导致吐蕃大军队一直打到敦煌城下，以至于连都城长安都受到了严重威胁。既然和吐蕃的交往史上已经有过这样的先例，就难保这次他们不会故伎重施，毕竟国家大事不能等同于儿戏，既然此时主动权握在自己手中，武则天绝不会轻易授人以柄，那样无异于化主动为被动，在同一块石头上绊倒两次。

三，有效牵制说。武周政权在西北地区建立安西四镇，对于吐蕃的北部防线是一个有效的牵制，再加上东面和东北面的军镇驻防，相当于在吐蕃的东面、东北面和北面建立了一个弧形防御圈，如果吐蕃出大军从东面进攻中原，那么武周大军就可以乘虚从东北面和北面攻入吐蕃，从而确保吐蕃不敢大举来犯。在王孝杰恢复安西四镇之后，吐蕃立即遣使向武周政权求和，正是因为他们意识到了这一点。如果狄仁杰同意他们的议和请求，主动从安西四镇撤兵，吐蕃不仅能够盘踞丝绸之路，从而大举供应他们的经济需求，而且可以放心大胆地从东面进攻武周，到时候武周就只好倾全国之力来防。一旦有失，长安城就会受到严重威胁，武周政权的根基也将受到动摇。

四，经济实惠说。武周派兵驻守安西四镇，虽然需要大笔开支，但是只要逐步稳定西北地区的局势，同时加强农业生产，当地的经济产出就可以供养四镇将士，完全没有必要从西安向安西四镇输送补给。何况，西北地区还有丝绸之路这样一条经济大动脉，能够从中开发的经济效益有很大空间，只要能够经营得当，安西四镇反哺中央政权也将不是一件难事。抛开这些因素不说，中原政权想要和中亚地区进行经济文化交流，也绕不开丝绸之路，如果西北地区落入吐蕃之手，必定会不同程度阻绝武周和外界的联系。

接下来，虽然双发陷入一片激辩，但是武则天已经逐渐倾向于崔融的主张，再加上以郭元振为首的一众外交大臣也选择支持崔融，武则天最终拒绝了吐蕃的议和请求。至于具体的做法，也表明了武则天的外交手腕，她不明说拒绝撤兵，而是同样提出议和条件，即吐蕃必须归还青海地区的吐谷浑故地。从后来的史实可以看出，安西四镇对于中原政权形成了非常重要的拱卫作用。尤其是在安史之乱时期，为了剿灭内乱，安西四镇的军队曾经被调回中原地区平定内乱。趁着这个空当，吐蕃果然攻占了西北地区，到了唐代宗的时候，还凭借此次兵锋的余威，一举攻占了长安城。

后世史家大多认为狄仁杰精于内政，却疏于外事。当然，我们不能因为狄仁杰的错误主张,就否定他一生的丰功伟绩。客观来讲,武则天对于群臣的分工是很精细的,狄仁杰主持内政,同时也有崔融和郭元振等大臣主持外事。只是作为宰相,狄仁杰对于大小国事必须提出自己的建议,因此有可能连他自己对于涉及外事的主张都是敷衍了事。据此可以看出,武则天没有采用狄仁杰的主张,乃是自然而然的事情。

伯乐

自古以来,推荐贤才就是宰相的责任之一,狄仁杰作为武周政权最重要的一位宰相,也为朝廷推荐了大批治世之才。一般认为,狄仁杰最大的历史功绩在于恢复李唐政权,但是在恢复李唐政权过程中,他所做最重要的一件事就是举荐贤才。我们前面已经说过,在武则天决定交出大权之后,还有一大批武周残余势力贼心不死,中宗皇帝的性格又极度软弱。不难想象,如果没有狄仁杰留下的一众大臣拼死维护李唐政权,最终鹿死谁手也未可知。因此,狄仁杰虽然耗费毕生心血将李显推上皇位,却比不上无意间留下的大批正直之士重要,真可谓"有心栽花花不成,无心插柳柳成荫"了。

狄仁杰推荐的首要重臣是张柬之,此人胸怀大志,才能卓越,可惜他早期投在李素节门下为官。李素节虽然贵为许王,但他是高宗皇帝和萧淑妃生的儿子，武则天连自己和高宗皇帝生的儿子都敢杀，李素节最终也就没有逃过一劫。李素节被杀，其势力随之覆灭，张柬之也因此受到牵累，庆幸在狄仁杰等人的运作下，张柬之最终保住了自己的性命。狄仁杰对张柬之的才名早有耳闻，风头过去之后便以宰相身份举荐他为官，张柬之也确实精明强干，屡次因政绩卓著得到升迁。只可惜武则天始终对他心怀芥蒂，因而张柬之一直没有得到入朝为官的机会。但狄仁杰对他的鼓励和举荐不遗余力，当武则天询问谁可以继他之后担任宰相位时，狄仁杰毫不犹豫地说出了张柬之的名字。

本来，武则天对于张柬之的能力和可信度还存在犹豫，可是当她就宰相人选询问另外一位大臣姚崇的意见时，同样听到了张柬之的名字。如此一来，武则天就对张柬之有所改观，在查阅了他政绩之后，对于他的重用也就初步定下了调子。而且姚崇和狄仁杰不同，在举荐张柬之的同时还下了一剂猛药，那就是他说明了张柬之已经高达八旬的年龄，如果想要用他为相，必须尽早为之。在古代社会，虽然官方规定官员到七十岁可以致仕，但实际上所有统治者都基本遵循了一个原则，那就是只要找到得力的官员，都会用到他过世为止。

值得一提的是，武则天似乎忽略了很重要的一点，即姚崇也属于狄仁杰一派的大臣，而且他本人也是通过狄仁杰的举荐才得到重用的。而张柬之也确实不负狄仁杰的厚望，上任之后立即着手恢复李唐政权的统治，并且最终策划和发动了神龙政变，迫使武则天放弃了国家权力。应该说，张柬之和狄仁杰相比，其才其志不在之下，但是他忠于武则天的程度显然要大打折扣，因而才敢于使用非常手段实现自己的政治目的。当然，张柬之所做的一切，于国于民都是有百益而无一害的。

继张柬之后,狄仁杰还推荐了桓彦范,其人以耿直敢言闻名朝野,后来冒死扳倒了张宗昌一党。要知道,武则天虽然心黑手狠,但是对于她的面首们却格外恩宠,多少企图铲除面首集团的大臣都落得凄惨下场。即便是狄仁杰,对面首集团同样不敢轻易触碰,在皇位继承问题上,他甚至和面首集团统一了阵线,这件事在很长一段时间内都被正直大臣们所诟病。但是桓彦范却敢于"摸老虎屁股",并且最终成功将张宗昌扳倒,为当时的国家社稷和万民福祉除去一害。当然,桓彦范的做法是非常智慧的,他成功抓住了武则天的帝王心理,揭露张宗昌曾经算命且被术士告知有天子相,也就是揭发了他有谋反的野心,对此,武则天果然未加容忍,直接将张宗昌治为死罪。

扳倒面首集团之后,桓彦范还致力于为那些被酷吏集团迫害冤枉的正直大臣平反,其声望由此达到其人生的巅峰。可以说,张柬之在谋略加耿直方面隐隐有超越狄仁杰之势,而桓彦范在耿直和谋略方面隐隐有超越狄仁杰之势,有此二人继承狄仁杰的遗志,就难怪李唐政权能够顺利过渡到李唐宗室手中了。值得一提的是,桓彦范的母亲也是一位忠烈之人,后来发动神龙政变的时候,桓彦范曾经担心事败身死,无人照顾年迈的母亲。而他的母亲却大加斥责,教训他必须以国事为重,不可因为家事而有所耽搁,这才让桓彦范下决心殊死一搏。

在军事方面,狄仁杰也举荐了一位重要将领敬晖,此人常年戍守边疆抵御突厥。一次,突厥忽然大军来犯,为了确保守地无失,敬晖只好将所有百姓迁入城内加强防御,同时也是为了避免百姓被抢掠。但是正值此时,城外的大片农田日渐成熟,在外援迟迟未能到来之际,能否将成熟的粮食收割入城,将直接决定战事的胜败。在这种情况下,敬晖力排众议,主动出城迎敌,将农田置于战略后方,成功保护农民收回粮食,为最终的胜利奠定了坚实基础。狄仁杰得知此事之后,立即着手培养和提拔敬晖,最终使其成长为武周政权重要的军事将领。

接下来是袁恕己,此人是著名的监察官员,同样是狄仁杰所举荐。一次,有个叫杨务廉的工匠得到举荐后入朝为官,此人的艺术造诣极高,尤其善于雕刻象牙和玉石等精美器物,因而得到中宗皇帝的宠信。杨务廉为人和善,又无心政治,因而大臣们对他的印象普遍不错,但是袁恕己却对他极为警惕和厌恶。因为在他看来,杨务廉今天可以雕刻玉石,明天就可以雕梁画栋。那么迟早有一天,中宗皇帝会因为他而大兴土木,最终导致劳民伤财,破坏国家经济发展和民生基础。由于袁恕己所言句句在理,中宗皇帝无言反驳,大臣们也都不置可否,最终还是将杨务廉贬为地方官了。

接下来是崔玄暐,此人是唐朝乃至我国整个历史上著名的清官,在当时更是被引为道德模范,对当时的朝廷官员有很大的正面引导作用。由于狄仁杰的极力推荐,崔玄暐得以升任吏部侍郎,但是由于他的廉洁奉公和刚正不阿,受到同僚的一致排挤。接下来,当他受到诬告下狱之后,武则天立即决定亲自审理,最后审明情况,不但没有贬他的官,反而将他擢升为宰相。崔玄暐下狱之后,满朝文武原本以为有好日子过了,听闻消息后无不垂头丧气,因为只要有崔玄暐在,他们就休想玩忽职守,更别提贪污受贿了。后来,崔玄暐也是神龙政变的主要参与者之一,武则天曾经喝问他为何也参加叛乱,崔玄暐却义正词严地告诉武则天,自己完全是为她考虑,可见此人受狄仁杰的思想影响之重。

接下来就是姚崇，但凡对历史有所了解的人都知道，唐朝之所以能够建立伟大盛世，除了君主的英明之外，太宗皇帝时期的房玄龄和杜如晦，以及玄宗皇帝前期的姚崇和宋璟都建有大功。姚崇名在四人之列，其政治才华是无论如何也掩盖不住的，因而很早就受到了狄仁杰的关注和提拔。最终，姚崇成为大唐帝国的宰相，扶助玄宗皇帝整肃朝纲，为唐朝的中兴立下汗马功劳。可以说，狄仁杰心中所期许的盛世王朝，最终得以在姚崇手中实现，足见他慧眼识珠的高超本领。

最后一个受狄仁杰举荐的人是窦怀珍，这是狄仁杰一生举荐贤才的败笔，因为此人最终为唐王朝的统治制造了祸端。应该说，年轻的窦怀珍是一个非常优秀的人才，而且有着极为良好的出身，他的伯父窦德明乃是太宗时期的著名将领。但是窦怀珍在入朝为官之后，居然迎娶了一位又老又丑的女人为妻，只因为对方是韦皇后的奶妈。韦皇后势力被铲除后，窦怀珍立即回到家中将这个老婆杀掉，因此表现出他的为人之阴险狡诈。再后来，窦怀珍居然和太平公主同流合污，密谋杀害玄宗皇帝，最终事败自杀。

波诡云谲

虽然狄仁杰对大唐王朝有再造之恩，但是他在宰相位上的时间并不长，他前后一共两次出任宰相，第一次根本没做多久，当然也没有做成什么事；第二次也仅仅做了三年，便以生命结束的方式退出了政治和历史舞台。然而，也就是这短短的三年，狄仁杰卷入了唐王朝最黑暗和最残酷的一场斗争，同时也表现出了他的高超政治艺术。

步入老年的武则天，性格虽然有所转变，不再动不动就杀人泄愤，但她仍然是一个固执的老太婆，普通大臣的建议，就算她能够和颜悦色地听完，并且虚心接受，甚至给予对方不同程度的封赏，但还是会在事后依旧故我。除此之外，武则天对权力也不再那么热衷了，凡事只要能够交给别人，她就不会再去亲自过问，转而将主要精力用于研究不老仙药。众所周知，武则天一生信佛，晚年却开始痴迷道教，说白了只是因为道士的妖言让她相信人能够长生不老。实际上，道士们所炼制的丹药只能让人神清气爽，最多也就是祛除一些疾病，继而延年益寿而已，但是对于已经掌握最高权力的武则天而言，长生不老的诱惑实在太大了。

这一时期，武则天对于二张的宠幸也已经到了无以复加的地步。二张虽然曾经和狄仁杰联手促成李显被封太子，但是其本来面目是贪婪而愚昧的，这些特性也在武则天的日益宠幸下逐渐暴露出来。每次武则天宴请群臣，都是二张的最佳表演时机，他们以戏弄群臣的方式为武则天取乐，完全不顾礼仪体统。更有一些想要讨好武则天的奸佞大臣，居然主动配合二张哗众取宠，时常把宴请局面弄得乌烟瘴气。二张受宠，他们的家人也随之鸡犬升天，张昌宗的弟弟张昌仪卖官鬻爵到了令人发指的地步，他曾经把一个买官者的名字忘掉，只记得对方的姓氏，居然把所有相同姓氏的人都官升一级。

除了二张，武则天晚年对太平公主和上官婉儿也极为宠信，她虽然已经对权力失去兴趣，但是并没有打算彻底放手，因而一些机密事情还是要交给信得过的人，太平公主和上官婉儿就是最佳人选。太平公主是武则天一生中最钟爱的女儿，以至于太平公主在政治方面生出野心之后，武则天仍然对其放纵无度，太平公主也因此获取了庞大的政治势力。上官婉儿是武则天最得力的属下，只因为她是女儿身，或者说正因为她是一个女儿身，才在武则天眼中拥有了和众多子嗣不一样的地位。但是无一例外，此二人都是李唐政权的巨大隐患，其中尤其以太平公主最为严重。

传位于李显的事情定下来之后，武则天的政治策略还有一项重大的转变，那就是为了保护武氏宗亲，她开始努力调节李家和武家之间的矛盾。首先，她让李家和武家大规模联姻，因而李家的女儿先后嫁到武家，比如中宗皇帝的女儿就嫁给了武三思的儿子；其次，武则天还使用了一个颇为天真的方法，就是让李家和武家盟誓修好，永不产生矛盾，当然更不能相互攻伐，并且将誓词刻在了铁券上。事实上，武则天心里很清楚，李家和武家之间的矛盾是不可调和的，因为皇位只有一个，而双方却都想要得到皇位。这个时候，武三思已经开始和李显的皇后韦氏通奸，李显的表现又是一塌糊涂。

对于李家和武家之间的矛盾，武则天心知肚明，狄仁杰更加了如指掌。但是出于多方面的考虑，他们都不想让矛盾在自己的有生之年爆发，因而才将这一矛盾强行压制下来。当然，关于最后的政争胜败，武则天自然希望武周宗亲能够取胜，而狄仁杰又希望李唐宗室能够取胜，为此，他们都进行了周密的准备。武则天的准备包括培植二张、太平公主、上官婉儿和武氏一族等，而狄仁杰的准备包括扶植前文中提到的诸多能臣干将。应该说，无论是狄仁杰还是武则天，对于最后的胜负都没有把握，他们只能利用自己生命的最后时光，尽可能地做一些事来增加胜算。

唐圣历三年（700），武则天因病迁居三阳宫修养，狄仁杰随驾而行。由于三阳宫是一座行宫，武则天需要离开都城，狄仁杰因而请求让太子监国。狄仁杰此举，多少有乘人之危的嫌疑，因为此时的武则天已经年迈，而且病得很重，这个时候让太子监国，明显是为了让国家权力顺利过渡到太子手里。但是狄仁杰有他的办法，为了让武则天安心，他不仅亲自随行侍驾，而且将主要大臣列在随行队伍里，如此才得到武则天同意。经过简单的修养，武则天的病情大为好转，很快就回到了都城。在这种情况下，尽管所有政治势力都已经暗流涌动，但是仅仅从表面看来，整个朝廷还是一片风平浪静。

到了这一年秋天，狄仁杰再也支撑不住日益沉重的病体，终于卧倒在床。这个时候的狄仁杰，已经知道自己时日无多，因而将张柬之、桓彦范和袁恕己叫到床前，口授了一件关乎国家命运的机密事宜。唐久视元年（700），在做完自己最后的政治安排后，一生波澜壮阔的狄仁杰走到了人生终点，在家中溘然长逝，享年七十一岁。消息传来，满朝文武为之哀痛，即便是他的政治宿敌也发文哀悼，武则天更是宣布废朝三日，以便全国官民祭拜狄仁杰的在天英灵。当时，武则天还说了一句千古流传的话，即："朝堂空矣！"可见在她的眼中，满朝文武只有狄仁杰一人可堪大用，其余人完全没有被她当作一回事。

狄仁杰去世之后，在武则天的一力扶植下，空出来的宰相权力真空逐渐被二张窃取，因而他们的政治势力开始急速膨胀。当时，李显的长子李重润、女婿永泰郡主和妹夫武延基曾经议论二张，此事很快被张易之的耳目告发,上述三人立即被武则天处死。此外,太平公主和上官婉儿也在大行其道,她们都有武则天做榜样和后盾,也成为当时重要的政治力量。还有就是武三思,他也在加紧和韦氏私通,而李显的态度却越发的不明朗。在这种情况下,如果没有一支强有力的力量将李显托上皇位,并且为他挡住来自四面八方的明枪暗箭,李唐宗室能否重掌国家权力,恐怕要划上一个大大的问号。

在这种情况下,狄仁杰遗留下来的一批忠义之士开始密谋政变,他们决定使用武力手段把已经年老发昏的武则天赶下台。眼见二张把天下官民搞得沸沸扬扬,以张柬之为首的政治集团意识到时机已经成熟,因而在唐神龙元年(705)趁武则天病重之际断然出手,向武则天发难。政变共分为两个步骤,在张柬之的统一运筹下同时进行,第一步是控制整个洛阳城,第二步是拥立太子李显登基称帝。本来,事情进行得很顺利,政变将士顺利控制了洛阳城,也顺利为李显打开了通往皇宫的道路。但是李显居然在这个时候龟缩在自己府中不出,还派人送出话来,要等到武则天病好之后再谈登基的事情。

张柬之闻讯赶来,李显才终于露面,但他仍然不肯一同举事。张柬之等人又是一番苦劝,李显死活就是不同意,最后还是张柬之命令士兵强行将他抱上马,一行人才终于到了皇宫。但是就在这个空当,忠于武则天的禁军卫士已经发起反攻,并且一举占据了宫门,张柬之等人"押着"李显匆匆赶来,看到的却是宫门紧闭的一幕。马背上的李显已经开始哀号痛哭,大骂张柬之等人陷他于不仁不义,挣扎着要下马回府。这个时候,城外的军队已经在二张等人的命令下陆续集结,随时有可能发起攻城战。如果宫内的禁军侍卫能够支撑到外城被攻破,张柬之等一众政变势力就会陷入腹背受敌的境地，失败之后也将难免被当作叛乱分子处以极刑。更为重要的是，在此之后，二张将彻底掌握国家政权，到时候，于国于民都将是一场不可挽回的浩劫。

千钧一发之际，张柬之命令政变将士暂时放松对皇宫的攻打，等到大批将士和攻城武器到来之后，城内禁军侍卫也有所放松之时，才一声令下猛然发动进攻，终于成功突破皇宫大门。在宫内耳目的引领下，张柬之等人很快找到二张，政变将士一拥而上，转眼将他们剁为肉泥。接下来，张柬之便带领文臣武将赶往武则天的寝宫，完成政变的最后步骤。然而就算此时，从寝宫走出来的武则天仍然不失女皇风范，她镇定自若地质问众人，为何要做出大逆不道之事。张柬之随便找了个台阶给她下，从此之后武则天便遭到软禁，正式退出了政治舞台。至此，狄仁杰临终前口授张柬之等人的机密终于浮出水面，武则天也终于被自己一生当中唯一的对手狄仁杰打败了。

第三篇
郭子仪——力挽狂澜

回纥地区盛产宝马良驹，由于基本的生产生活条件有限，想要通过出售马匹的方法来提高经济水平，但是回纥此举很快遇到麻烦，具有购买能力的地区也盛产良马，不盛产良马的地区又没有足够的购买能力，因而他们只能把目光投向了富有而不产良马的大唐王朝。然而，当时的大唐王朝已是外强中干，无法支付庞大的购马费用。再加上朝中一些目光短浅的大臣担心向回纥买马会让他们发展壮大起来，从而威胁到李唐政权，朝廷最终选择了拒绝。

对此，郭子仪极力反对，针对朝廷经费不足的现状，他表示可以停止发放自己的俸禄，哪怕只买一匹马也要买。在郭子仪的带动下，很多心忧社稷的文臣武将争相效仿，最终得以促成马匹买卖，从而让唐王朝在经济上和回纥成为统一体。更为重要的是，郭子仪也在回纥人中赢得了良好的口碑，这就为后来的借兵平叛奠定了基础。

第一章
天下大乱

俗话说"乱世出英雄",每一次乱世都会伴随英雄豪杰的出现,唐朝的"安史之乱"同样如此。而这次大乱出现最耀眼的明星正是郭子仪,他出身军人世家,高中武举,又从军队基层开始做起,在地方军中摸爬滚打多年。如果没有"安史之乱"的爆发,郭子仪可能还要含辛茹苦地熬年头,即便最终能够登上年中高位,恐怕也难以在历史长河中留下千古的美名和绚丽的色彩。马嵬驿兵变后,李唐政权随即开始"一朝天子一朝臣"的权力重组,郭子仪也由此作为新生将领登上历史舞台。

英才亮相

武则天神功元年(697),郭子仪出生在华州(今陕西华县)。当夜,其父郭敬之刚刚入睡,就梦到一条巨龙从天而降,被仆人叫醒后就听到了儿子的啼哭声。史料记载，郭子仪这一哭就持续了八十余日，期间郭敬之遍请名医，每个人都是束手无策。八十余日上，一位云游老僧忽然登门化缘，等待施舍的时候听到哭声，进屋诵了一部经文，郭子仪才止住哭声。郭敬之与老僧对坐闲谈，听他说到郭子仪有富贵相，将来必定能堪大用，成就一番丰功伟业。郭敬之不置可否，但还是心情大悦，重谢了老僧。

郭家世代为官，郭敬之也曾出任绥（今陕西绥德）、渭（今甘肃陇西）、桂（今广西桂林）、寿（今山东东平县）、泗（今江苏宿迁）等州刺史。郭子仪从小受到家庭氛围影响，很早就开始读书，但是他对于经史子集却全然不感兴趣，唯独喜欢读兵书。八岁的时候，郭子仪曾随父亲进入军营，无意间拿起一件兵器，更是爱不释手，当下耍了起来。郭敬之和一众武将见之，不禁大为惊奇，因为那件武器少说也有百斤，郭敬之由此才知道自己的儿子天生神力。接下来，郭敬之因材施教，干脆让郭子仪弃文习武，其军事本领从此开始突飞猛进，尤其以枪法出众而闻名乡里。这个时候，郭子仪的理想已经是成为国之良将，为国为民效力疆场。

凭借这样的家庭出身和个人才华，十五岁的郭子仪受到了太原（今山西太原）旺族王氏的青睐，并因此迎娶了自己的妻子王氏。郭子仪和王氏的感情一生笃厚，不仅夫妻之间相敬如宾，还养育了一群儿女。应该说，郭子仪虽然在后来成就了一番大业，但是在当时最多只能算是一只潜力股，能够得到王氏的青睐，他在内心当中还是非常感激的，因而一生忠于自己的妻子。更为难能可贵的是，王氏在相夫教子方面表现优异，以至于他们的儿女都是人中龙凤，嫡长子郭暧更是成为升平公主的驸马。

传说郭子仪二十岁时曾经因罪判处极刑，受到大诗人李白的搭救，郭子仪也因此感怀于心，后来还曾搭救过李白。但是此说已经被证实属后人杜撰，因为郭子仪的年纪实际上比李白还要大，李白一生所做官职也在郭子仪之下，且两人完全未在一个行政系统内。具体来说，郭子仪二十岁的时候，已经进京参加武举考试了，而这个时候的李白还在四川读书，直到八年之后才出四川，并且首先游历的又是东南地区。之所以会出现这样的传说，多半是后人寄托美好的希望于文才与武才之上，但之后毕竟不是真实发生的历史事件。

开元年间，二十岁的郭子仪参加武举考试，并且一举高中，被授左卫长史，成了一名皇城禁军考察员。由于表现优异，郭子仪被派往地方为官，先后在陕西、河南、广西和新疆等地任职，并由此得到充分历练，逐渐积累了丰富的军事经验。唐开元中期（730）以后，郭子仪更是平步青云，先后担任朔方（今宁夏灵武）节度副使、定远（今甘肃平罗）城使、东受降城（今内蒙古自治区托克托）使。唐天宝八年（749）以后，又出任横塞军（今内蒙古自治区五原）使，唐天宝十三年（754）出任天德军（今内蒙古自治区古乌拉特旗）使等职。

这个时候，唐王朝虽然表面风平浪静，实际上却已经到了暴风骤雨的前夜。当时，宰相杨国忠和平卢（今辽宁朝阳）、范阳（今北京）、河东（今山西太原）三镇节度使安禄山失和，此时正值唐朝内部空虚，地方藩镇逐渐坐大。在这种情况下，野心昭然若揭的安禄山便以"奉密旨讨伐杨国忠"为借口，联合同罗、奚、契丹、室韦和突厥等少数民族，聚集十五万大军在范阳起兵。当时，安禄山所镇守的三地胡化严重，汉文化影响微乎其微，因而兵骁将勇，唐朝的中央军队则因为长时间没有战事，早已刀剑入库，马放南山。所以战端一开，安禄山叛军如入无人之境，仅用月余时间就攻占了河北大部，并且一举拿下了唐朝的东都洛阳。

安禄山此人性情残暴，他的父亲原本是一个西域人，母亲是一个巫师。其父死后，母亲带着他改嫁突厥人安延偃，因此将原名阿荦山改为安禄山，并且在营州（今辽宁朝阳）定居下来。最初，安禄山和自己的死党史思明只是负责管理边关市场的小官，每日里只知道争勇斗狠。后来，安延偃投向唐朝，安禄山也随之进入唐军效力。由于他本身具有胡人血统，因而在骑射方面天纵奇才，再加上他的胆子很大，经常深入契丹境内捕杀契丹的散兵游勇，很快表现出在军事方面的才干，由此被当地的唐军守将张守珪收为义子。

事实上，唐朝虽然在边境陈列重兵，并且据险设置诸多军镇，但是基本政策还是和边疆的少数民族修好。按照惯例，军镇的节度使都要由汉族大臣出任，并且只要能够在节度使任上做出成绩，都能够回朝担任宰相要职，比如著名的唐朝开国元勋李靖就是其中之一。要知道，一个军镇下辖数州之地，并且除了军政还要兼管行政和财政，大臣们出任节度使的职务，也可以算作出任宰相前的预言。另一方面，地方节度使军政财三权独揽，其权力甚重，任期满后旋即调回朝廷，也可以有效防止他们在地方坐大。

玄宗皇帝登基之后，有开疆拓土的决心，因而对于各军镇节度使更为倚重，其任期也大为延长。有史料表明，玄宗时期的中央部队不过十二万，但边防部队却将近五十万。而且边防部队长年经受战火洗礼，中央军队却多半时间都在养尊处优。战斗力此消彼长之下，如果各镇节度使生出异心，只要两三个人联合起来，就可能以迅雷不及掩耳之势一举颠覆中央政权。因此，朝中的宰相们多有担忧，对出任节度使的大臣屡次发起攻击，将相之间的矛盾也由此愈演愈烈。到李林甫为相期间，不仅加紧打击各镇节度使，而且公开上书玄宗皇帝，请求提拔合格的地方蛮族担任节度使，以避免各镇节度使相互勾结，至少可以避免节度使和朝中大臣内外勾结，该建议很快被玄宗皇帝采纳。

随着这一边防政策的大举推行，安禄山登上顺风车，迅速成为河东、平卢和范阳三镇节度使。安禄山此人体型臃肿，下坠的大肚子几乎遮住膝盖，再加上他肥头大耳，又能说会道，看上去憨厚中带着一丝傻气。然而，安禄山不仅不傻，而且精明透顶，乃是一个典型的大伪似真之徒。玄宗皇帝曾经亲自接见安禄山，由于他已经把气氛搞得非常活跃，玄宗皇帝亲切地指着他的大肚子说，"这里面都装了些什么东西？怎么会这么大？"安禄山想都没想便回答说："只装了一颗忠于陛下的心，因为太大才把肚皮撑成这样。"玄宗皇帝听后自然龙颜大悦，给了安禄山很多赏赐。

除此之外，安禄山还注意结交玄宗皇帝的宠妃杨玉环，并且恬不知耻地拜她为干娘。杨玉环从未见过安禄山这样有趣的大胖子，再加上他总是送来一些奇珍异宝，也就自然乐得在玄宗皇帝面前为其大说好话了。唐天宝七年（748），安禄山再一次进京朝拜，玄宗皇帝和杨玉环被他搞得喜笑颜开后，居然赏赐给他一道免死铁券。次年，又封安禄山为东平郡王，这在唐朝各地蛮族节度使中是绝无仅有的。当然，安禄山的狼子野心可谓空前绝后，面对玄宗皇帝的极度恩宠，他非但没有感怀在心，反而在暗地里准备谋反。

具体来讲，安禄山一面在朝廷安插大量耳目，注意大臣们的一举一动；一面在各处要塞修建城寨，同时大举招兵买马，对外却宣称自己这样做是为了抵御外敌。河西（今青海、甘肃黄河以西地区）、陇右（今甘肃、新疆大部分地区和青海湖以东地区）、河东（今山西）、朔方节度使王忠嗣深谙军事，一看安禄山的排兵布阵就知道他想要对付的是中央政权，因而立即上书告发安禄山谋反。但此时的玄宗皇帝认为天下已定，正与杨玉环过着日醉夜醉的奢靡生活，连朝政都懒得搭理了。奸相李林甫和杨国忠先后把持朝政，把形势一片美好的大唐王朝搞得满目狼藉，社会矛盾由此日益尖锐起来。

在这种情况下，安禄山举大兵来犯，才得以势如破竹，并最终占据洛阳，登基称帝，号称大燕帝国。安禄山来势汹汹，整个唐王朝却丝毫没有准备，满朝文武瞬时乱作一团，人人自危。玄宗皇帝遍观各地将领，发现只有郭子仪可堪大用，遂将他擢升为朔方节度使，领兵勤王。郭子仪领命之后，认为自己兵少将寡，不宜和安禄山进行正面交锋，而是应该避实就虚，攻击安禄山的战略大后方，让他生出后顾之忧。于是，郭子仪率军进攻单于府（今内蒙古自治区和林格尔），收复大片失地，且斩敌无数。郭子仪的胜利，虽然没有对安禄山形成实质性打击，但是大为迟滞了他的进攻势头，各地驻军和民众因而得到了一定的反应时间，对安禄山的打击由此开始遍地开花。

纵横

由于郭子仪的横空出世，战场形势顿时发生逆转，郭子仪军也因此得到了朝廷的大量封赏。但是其他各地守军，所遭遇的情况就没有这么乐观了，比如常山（今河北正定）太守颜杲卿，他率先在河北起兵响应郭子仪，但是由于其辖区在安禄山的势力范围内，很快遭到叛军的大举围剿。在此之前，安禄山进军到常山的时候，曾经招降颜杲卿。当时的颜杲卿虽然是一方长官，但是手中无兵无粮，一时只能委曲求全。但是在回家的路上，他就把安禄山赐给他的锦袍脱了下来，并且对自己的部下言明了为国杀贼的志向。等到安禄山大军离开之后，他便开始积极谋划，联合那些反对安禄山的将领密谋举事。

郭子仪起兵之后连战连捷，颜杲卿得到极大鼓舞，很快便起兵响应。史料记载，颜杲卿作战非常勇猛，曾经收复了河北的大片土地，并且牵制了大量叛军，当然也在一定程度上迟滞了叛军的进攻势头。然而，河北作为叛军的大后方，安禄山无论如何也不允许有失，因而派出大将史思明回师弹压。颜杲卿不敌，接连败退之下只能据守常山城，史思明则趁势对常山城完成了合围。接下来，虽然颜杲卿奋力抗贼，苦守待援，可惜远水解不了近渴，最终还是兵败被俘，常山沦陷。颜杲卿被史思明押往洛阳，见到安禄山之后随即破口大骂，直至被剐子手凌迟至死。

应该说，颜杲卿并没有白白牺牲，在他的鼓舞之下，全国军民士气倍增，安禄山的叛军在各地都遇到不同程度的抵抗，由此深陷战争泥沼当中。肃宗皇帝听闻之后，立即授命郭子仪收复常山，并且嘱托他一定要打赢这场具有高度政治意义的战争。此时的郭子仪，已经因功擢升为朔方节度使，兼灵武太守。受命之后，郭子仪立即率军迎击贼将周万顷，一战而大败之，叛军将领周万顷也被其斩杀。当时，安禄山叛军在各地的进攻都很顺利，安禄山听闻周万顷大败且被杀，不仅大为吃惊，立即调派更为勇猛的高秀岩出战。结果再次被郭子仪毫无悬念地击败，郭子仪还顺势收复了云中（今山西大同）、马邑（今山西朔县）和东陉关（今山西代县南）等地，兵临河北边界。

如此一来，郭子仪不仅收复大量土地，同时逼迫叛军的攻势就此转为守势，而且连守势都已经漏洞百出。唐天宝十五年（756）二月，郭子仪经过充分准备，与河东节度使李光弼双双从山西进入河北。李光弼率领精锐大军一口气攻下七座城镇，兵锋长驱直入，直指常山。郭子仪则仍然使用自己擅长的招数，从叛军守备薄弱的地区快速穿插而过，最终迂回包抄到了常山以北地区，一举和李光弼大军对常山城完成了合围。如此一来，安禄山的重要根据地常山，就完全陷入了唐军的包围之中，整个叛军的退路也由此被郭子仪切断。镇守常山的史思明根本无心恋战，面对郭子仪和李光弼联手进攻，他只是作势抵抗了一下便弃城而逃。此役，郭子仪采用"围而留缺"的策略，将史思明残众逼出常山城，并且在沙河（今河北大名）一代将其聚歼。

常山之战后，李光弼随即兵锋一转，急行军进攻到恒阳城下（今河北灵寿)。由于李光弼军士气正旺，逃脱至此的叛军守将史思明不挡其锐，主动撤军败走。李光弼一时疏忽，没有严密布防便进城庆祝，结果被史思明杀了个回马枪，落败之后只得让军队逃入城中固守待援。郭子仪得到消息之后，立即亲率一万轻骑兵星夜驰援，最终和城内的李光弼军对史思明形成内外夹击之势。经过一番鏖战，史思明率领的叛军到底不敌，丢盔弃甲逃往他们的大本营范阳。要知道，在当时的全国形势下，安禄山叛军可谓气势汹汹，很多唐军将士都因此而生出了畏战心理。而郭子仪和李光弼却联手取得的巨大胜利，无疑给士气低落的唐军打了一剂强心针。当然，无论是郭子仪还是李光弼，经过此战之后，都锻造出了一支虎狼之师，他们二人的部队也从此成为剿灭叛乱的中坚力量。

话分两头，正在洛阳坐镇全局的安禄山听闻史思明接连兵败，再次派出两万精锐骑兵赶赴河北支援。史思明整军再战，由于他手中握有安禄山的两万精锐骑兵，郭李联军险些招架不住。关键时刻，郭子仪果断拍马上阵，亲自手刃了一个临阵退缩的将校，唐军才勉强稳住阵脚。众所周知，骑兵作战锐而不实，如果无法冲垮敌军阵形或者冲垮敌军阵形之后没有步兵及时跟上，都将陷入对己不利的作战境地。郭李联军顶住史思明的两万精锐骑兵冲击之后，振奋前战余威，再次击退了叛军步兵的进攻，一举取得了战场上的主动权。史思明眼见战场局势无法挽回，只好指挥军队且战且走，直至逃入博陵城（今河北定县）内。

博陵是一座军事重镇，因而防御工事既坚固又完备，且占尽地形优势，郭李联军数次进攻都没有得手。由于唐军不善于野战，郭李联军只好连夜退守恒阳，并且马不停蹄地加强城防工事。果不其然，史思明凭借安禄山的强大支持，很快又集结起一支叛军反扑而来。郭李联军不能与之争强，只好凭借坚城固守，同时派出小股精锐部队轮番进行袭扰，让对方在夜晚都得不到休息。数日之后，史思明率领的叛军终于疲惫不堪，郭李联军则通过换班休整和灵活的作战的方法得以养精蓄锐。这样一来，郭子仪和李光弼眼见时机成熟，命人打开恒阳城门时，随即涌出了一群勇猛之师。叛军已经疲惫不堪，再加上始料未及，根本不堪一击，郭李联军再一次取得大胜。

此役，唐军斩杀叛军将士四万余人，俘虏五千余人，缴获战马五千余匹，兵器、粮草和辎重等堆积成山。更为重要的是，叛军首领史思明也在战乱中受了重伤，其部下拼死相救才保着他仓皇逃回博陵。就这样，郭李联军对叛军打出了威风，并由此挥兵北上，直捣叛军最重要的巢穴范阳。只可惜，在形势如此乐观之时，奉命守卫潼关的哥舒翰兵败，大唐都城长安由此暴露在安禄山叛军的兵锋之下。匆促之间，玄宗皇帝临时招募了六万民兵，但是由于作战能力低下，这支部队还没有来得及摆开阵势，就被安禄山叛军一举击溃。于是，在这一年夏天，安禄山叛军终于还是兵临长安城下。

马嵬驿兵变

其实，早在潼关失守之时，朝廷上下就已经乱作一团，赶来上朝的大臣已经不足十分之一。而且即便是这些大臣，在当时的严峻形势下，也都劝谏玄宗皇帝出逃，当然最主要的是玄宗皇帝也想逃。至于仓促招募军队迎敌，只是为了给玄宗皇帝的出逃赢取时间，从根本上就没有保家卫国的打算。出逃之前，玄宗皇帝登临勤政楼，当众宣布御驾亲征，誓师讨伐叛贼安禄山。消息传出来之后，大多数人都喜出望外，甚至有小部分人真的幻想玄宗皇帝会振奋当年的神勇。为了把戏份做足，玄宗皇帝任命魏方进为御史大夫兼置顿使，同时任命崔光远为京兆尹兼西京留守，又将皇宫的钥匙交给大将边令诚掌管。

与此同时，玄宗皇帝命剑南（今四川省大部，云南省澜沧江、哀牢山以东及贵州省北端、甘肃省文县一带）准备物资，理由是为前线的作战做准备。出逃前一天的夜里，龙武大将军陈玄礼忽然接到玄宗皇帝圣旨，让他集结禁军，同时挑选九百匹好马，准备护送玄宗皇帝出征。为了避免生变，玄宗皇帝的所有命令都在暗中下达，不知情的人根本不会觉察到一丝异样。比如当时的大多数将士，一直到了出发的时候才知道进军的方向是剑南，而不是战火连天的北方前线。凌晨，玄宗皇帝移驾大明宫，同时召集所有亲近大臣和将领，为出逃做最后的准备。

天蒙蒙亮之后，玄宗皇帝带着杨玉环、皇亲国戚、亲信大臣和宦官等，从延秋门悄无声息地出了长安城。队伍路过左藏库（即唐朝国库）的时候，杨国忠见大批财物无法带走，建议玄宗皇帝放火烧毁。玄宗皇帝到底没有丧心病狂，他念及百姓受到战火之苦，决定将左藏库里的财物分发给百姓，并且留下一队士兵在他们走后予以执行。然而，等到玄宗皇帝走后，这队士兵立即冲进左藏库哄抢，闻讯而来的百姓也很快加入了哄抢的队伍，长安城顿时乱作一团。最终，左藏库也没有逃过被焚毁的命运，守城将士赶来救火，杀了十余个乱民才稳住局势。但是在稳住局势之后，守城将士随即派代表出城到安禄山军中请降，将长安城拱手让了出去。

这个时候，还有不明真相的大臣赶来上朝，虽然皇宫的仪仗队还在，但是当他们走进宫门之后，才发现整座皇宫已经空空如也，大家才知道玄宗皇帝已经连夜出逃了。消息传出来后，长安城掀起新一轮混乱，王公大臣们争相逃命，乱民不仅闯进了这些人的家中抢夺，甚至还闯进了无人看守的皇宫，整个长安城顿时陷入一片混乱，满眼都是亡国景象。因此，安禄山进城之后的首要任务居然成了维稳，好在守城将士全力配合，才没有出现大规模的屠杀行为，长安城也没有遭到太大的毁坏。

玄宗皇帝一行人由禁军护卫，一路仓皇向剑南道逃窜。宰相杨国忠下令，大军所过之处有桥毁桥，有路断路，致使大批逃亡百姓被安禄山叛军追上惨遭屠戮。玄宗皇帝于心不忍，命令高力士留下搭救百姓，但是叛军很快追至，高力士也只好自顾逃命。行至咸阳（今陕西咸阳）的时候，一行人已经是饥肠辘辘，玄宗皇帝让宦官去找当地的官吏，才发现当地的官吏也早就逃之夭夭了。杨国忠派人向老百姓买食物，老百姓才知道玄宗皇帝就在行进队伍中，于是纷纷前来进献食物。只可惜老百姓只有粗粮糊口，进献给玄宗皇帝的食物已经是他们的最好的食物，但是玄宗皇帝等人仍难以下咽。

望着眼前这些朴实而困苦的百姓，玄宗皇帝第一次知道他们的食物如此难吃，一时间百感交集，不知不觉落下泪来。玄宗皇帝一哭，随行官员和进献百姓也跟着哭，顿时哭声连成一片，响彻天地。然而，悲痛掩盖不了饥饿，众人哭过之后开始争相狼吞虎咽。由于没有餐具，一众皇亲国戚和文武百官只能蹲在地上用手抓着食物吃，即便如此仍然没有吃饱。最后，玄宗皇帝赏赐了进献食物的百姓金银财物，便带着众人匆忙上路了。百姓担心安禄山叛军屠杀，也纷纷逃散，整个咸阳城瞬间成为一座空城。

当夜，一众人马露宿山野，众人长途劳顿的怒气开始逐渐形成，大家都开始怨恨杨国忠等奸佞之臣。一位正直大臣因此向玄宗皇帝进言说："安禄山谋反之心路人皆知，常有朝臣和地方官进言提防，但大多都被莫名其妙地杀害了。这是因为陛下身边聚集了一批小人，他们收受了安禄山的贿赂，阻塞了陛下的圣听，才使局势恶化到了今天的地步。遥想当年姚崇和宋璟做宰相的时候，所有大臣都敢于犯颜直谏，没有人阿谀谄媚，真怀念那时的政治清明啊！如果不是安禄山反叛，陛下恐怕仍然被小人围绕，永远都听不到正直之士的话了。"玄宗皇帝闻言也只能唯唯诺诺，一边承认自己的过错，一边安抚大家的情绪。

第二天，驻守潼关的王思礼追上玄宗皇帝，大家才知道哥舒翰已经被俘。玄宗皇帝只好任命王思礼为河西、陇右节度使，赶回潼关去收拾残兵，继续打击安禄山的叛军。不过，这个时候的玄宗皇帝已经全然没了天子的威仪，本人蓬头垢面不说，身边的文武大臣也对他礼数从简，基本上没有人再把他当回事儿了。因此，王思礼接到任命之后也是哭笑不得，因为就算有皇帝本人的亲自任命，他也只能做一个光杆司令，更别提回去打击叛军了。但时局毕竟已经发展至此，王思礼只好接受任命，匆匆赶回潼关后潜伏下来伺机而动。

送走王思礼，玄宗皇帝一行继续赶路，由于情况越来越糟糕，大家心中的怨气也越来越重。行至马嵬驿，正直官员和武将对宰相杨国忠的不满终于爆发，龙武大将军陈玄礼对太子李亨直言不讳，认为国家破败至此，完全是杨国忠一手造成的，因此要求他下令斩杀杨国忠以谢天下。虽然得到了宦官集团的支持，但是杨国忠有杨玉环做后盾，李亨得到建议后并没有立即作出回应。恰逢此时，吐蕃有使者到队伍中来，杨国忠也知道文臣武将要对他不利，因而想要依靠吐蕃的势力自保。这一做法正好给了陈玄礼口实，他立即以杨国忠和吐蕃勾结谋反为由，让部下杀死了杨国忠。

当时，杨国忠正在和吐蕃使者并马而行，陈玄礼派去的武将大喊"杨国忠谋反"，拈弓搭箭就射了过去。这一箭没有射中杨国忠，却射中了他的坐骑，杨国忠只好落荒而逃。但是人腿毕竟跑不过马蹄，武将们很快追上了杨国忠，将他杀死后，又将其肢解，并且将他的头颅插在长矛上示众。与此同时，陈玄礼还派人将杨国忠的妻妾和子嗣斩尽杀绝，御史大夫魏方进出面劝阻，也被杀死。接近着，陈玄礼率兵包围了玄宗皇帝下榻的驿站，也就是马嵬驿。玄宗皇帝不明所以，宦官告诉他杨国忠谋反，已经被陈玄礼杀了。玄宗皇帝虽然心知肚明，却不得不出面陈述了杨国忠的罪状，意思是不会追究陈玄礼等人的罪过。

然而，陈玄礼等人还是不肯离去，非要让玄宗皇帝交出杨玉环。玄宗皇帝不肯，交涉无果后，只得退回驿站和陈玄礼等人对峙。高力士劝说玄宗皇帝，杨国忠已死，其势力也被铲除干净，无法再被玄宗皇帝倚重，不如交出杨玉环平息众怒。玄宗皇帝宠幸杨玉环至极，半生幸福都寄托在她的身上，因而仍然不肯就范。参军韦谔又劝谏说，将士们担心杨玉环日后会对他们不利，最好交出杨玉环，以免生变。玄宗皇帝无可奈何，为了避免杨玉环受辱，同时也是为了让她留有全尸，只好让高力士把杨玉环引入密室，将她活活勒死。尸体被抬出来示众后，陈玄礼等人随即跪地请罪，叩头请罪不止。玄宗皇帝对他们安抚一番，第二天便继续起程，一切如故，这就是我国历史上著名的马嵬驿兵变。

马嵬驿兵变前后，虽然到处都是陈玄礼的影子，但是不难想象，他的背后一定有人支持，而这个人正是太子李亨。对此，玄宗皇帝心中应该也是清楚的，因而为了避免太子对自己不利，在此次兵变之后，玄宗皇帝便与太子分道扬镳了。玄宗皇帝继续逃亡剑南，太子则转而北上，与叛军且战且走，最终得以在灵武（今宁夏灵武）站住脚，并于此地另立朝廷，登基称帝，是为唐肃宗。继位之后，肃宗皇帝做的第一件事就是任命郭子仪为天下兵马副元帅，负责领兵收复长安，同时让李光弼从旁协同作战。

第二章
重整旧河山

由于安禄山的反叛蓄谋已久，而整个唐王朝又沉浸在醉生梦死当中，根本毫无防备。因而安禄山发兵之后得以直捣黄龙，一举占据了唐朝的两京。都城作为国家最重要的政治标志之一，无论如何都是不能长期陷于敌手的，所以当唐王朝的统治者反应过来之后，首先要做的事情就是收复两京，担负这一重任的人正是郭子仪。凭借多年的军事经验，郭子仪成功收复了两京，并且随即开始了对残余叛军的追击，只可惜在这个时候他遭遇军事和政治上的双重失败，由此回到京朝为官。在此之后，郭子仪的主要对手就成了宦官集团的代表人物鱼朝恩，而他在与鱼朝恩的周旋过程中，也表现出了非凡的政治头脑。

两京之战

众所周知,长安并不是唐朝唯一的都城,而是被称为西京,与东京洛阳并立。其中,长安在政治、经济和文化方面都是帝国枢纽,而洛阳虽然贵为陪都,却只是在军事上占有重要地位,政治上居于次要。在洛阳和长安之间,有一道地势险要的潼关要地,也是自古从河南进入陕西的必经之路,只要这里控制在唐军手中,安禄山就休想打长安的注意。负责驻守潼关的是大将哥舒翰,其麾下更是聚集了二十万兵力之众,安禄山屡次进攻该城都被击退。关键时刻,安禄山安插在玄宗皇帝身边的宦官派上用场,他们收受了安禄山的贿赂,对玄宗皇帝说哥舒翰闭关不出是想保存实力,如此必定坐失良机。玄宗皇帝居然听信谗言,命令哥舒翰主动出击,结果被善于野战的叛军打败,潼关也随即告破。

潼关一失,长安再无险可守,仓促招募的民兵迟滞了叛军兵锋,玄宗皇帝和众大臣才得以逃脱,长安旋即被安禄山叛军占领。大将房卢在这个时候主动请命收复长安,他使用自己最擅长的车战,企图以此抵御叛军的骑兵,从而占据野战优势。可惜,骑兵作战的优势已经历千百年洗礼和验证,房卢军和叛军遭遇后不仅展开缓慢,而且动作迟钝。战端终于拉开之后,房卢还想凭借连排成片的战车威风一把,却不想安禄山根本没有发动进攻,而是顺风点火,加之泼洒燃油,木质战车很快成为一片火海,将士死伤无数,房卢仓皇找来士兵的衣服穿上逃窜,才勉强躲过一劫。

消息传来,坐镇灵武的肃宗皇帝大为失望,只能把最后的希望寄托在郭子仪身上。而这个时候,凯旋的郭子仪已经率众赶到灵武,同时带来了五万常胜之师,包括他精心调教出来的一支骑兵部队。当时,唐朝军队新败,不仅士气低落,而且军容军纪非常涣散,眼见郭子仪的部队威风凛凛,装备严整,无不自惭形秽。所谓知耻而后勇,这些残兵败将受到郭子仪军的激励,也在后来的战斗中发挥出重要作用,为唐朝的光复和国家的稳定做出很大贡献。当然,如果没有郭子仪在这一阶段力挽狂澜,这些残兵败将也很难恢复士气和元气,大唐王朝的命运也不知会走向何方。

见到郭子仪部队的军容军纪,最高兴的人莫过于肃宗皇帝了,因为这是一支让叛军都闻风丧胆的部队。由于此前创下的丰功伟绩,以及日后收复两京的重任,肃宗皇帝当即拜郭子仪为同中书门下平章事,也就是宰相,同时兼领兵部尚书,可谓名副其实的出将入相。不过,此时的荣耀只能代表过去的成绩,此时的整个大唐帝国陷入一片烽火连天的境地,安禄山叛军的势力越来越大,而且已经把国家都城据为己有。在这种情况下,如果不能及时剿除叛乱,不仅国家命运堪忧,而且天下百姓也会陷入无尽的磨难之中。

经过一番考量,郭子仪认为收复两京必须先取潼关,然后荡平流窜在关中地区的叛军,收复长安。再以长安为根据地,东出潼关,收复洛阳,进而平定中原。郭子仪的战略构想可谓切中契机,当时的陕西与河南两省,是大唐帝国的根本所在,但两省之间又有险要的潼关隔断。如果潼关被叛军控制，那么无论唐军先取长安还是先取洛阳，都会遇到另一座城市的拼死支援。而先取潼关就不一样了，一旦战略目的达成，长安之敌就成了无本之木和无源之水，再加上郭子仪军的作战勇猛，以及洛阳之敌的无法救援，长安被收复将成为十拿九稳的事情。

接下来，有了长安和整个关中地区做大后方，唐军东出潼关剿除叛军就可以免除后顾之忧了。众所周知，当年的秦始皇之所以能够统一天下，也是采用了这样的策略。因此，对于郭子仪的战略构想，肃宗皇帝和一众文武大臣都极力赞成，整个唐朝军队也由此变得高度统一起来。这个时候，负责驻守潼关的是叛军大将崔乾祐，郭子仪当时对此人并不了解，因而只想做一次试探性进攻，于是派出部将仆固怀恩做试探性进攻。结果被崔乾祐大败，仆固怀恩拽着马尾泅渡过河，才保住了性命。

如此一来，郭子仪就只能小心应对，不仅经过一番充分调查和准备，而且亲自率军进攻潼关。崔乾祐有了上一次胜利，对唐军多少生出一丝轻慢之心，而这也正是郭子仪想要的结果。最终，在郭子仪的亲自指挥下，崔乾祐叛军所部不堪重负，终于全线崩溃，潼关由此回到了唐军手中。这个时候，唐军当中一些行伍出身的中下级军官开始发力，他们凭借摸爬滚打获得的作战经验，在各地组织武装力量抵制叛军，为郭子仪大军的纵横捭阖提供了极大助力，同时也使得郭子仪迅速稳固了潼关防线。

攻占潼关得手之后，郭子仪马不停蹄人不歇脚，兵锋一转进逼长安城。应该说，此时的大唐王朝国运未尽，就在郭子仪一点点打开战场局面的时候，叛军首领安禄山忽然被自己的儿子安庆绪杀掉，一时间整个叛军内部人心失稳。此时的郭子仪虽然尚未完成攻城准备，但还是决定抓住这一天赐良机，果断对长安城发起进攻。然而，安禄山当初的整体布局是从全国着眼的，长安也被他当成了都城来经营，奉命镇守长安的安太清更是一名百战老将。郭子仪大军刚到城下，安太清便充分发挥叛军骑兵作战的优势，出城迎敌，对不善野战的唐军部队发起冲击，结果唐军大败，郭子仪也遇到了自己从军以来的第一次失败。

庆幸的是，此时的大唐土地已经人人皆兵，大家对叛军同仇敌忾，贼首安禄山又被杀死，叛军一时陷入了极大被动。镇守长安城的安太清同样如此，虽然大败唐军，但是他并没有能力大举出击，只能见好就收，大胜之后仍然龟缩城中不出。在这种情况下，唐军就有了继续集结的时间，于是郭子仪很快又集结了十五万大军陈兵长安城下。为了挫败叛军的骑兵之锐，郭子仪还从回纥借来了五千精锐骑兵部队，只待安太清再次出击时进行反冲锋。这一次，肃宗皇帝对郭子仪寄予的希望更加深重，因为此次集结的十五万大军，已经算是李唐政权最后的家底，实在经不起再次失败了。

应该说，此战唐军和叛军都摆出了最强阵容，双方在城外对峙，唐军加强了骑兵力量，而叛军又加强了步兵力量。于是，战斗从一开始就进入了白热化，骑兵对冲之后，双方步兵将士随即混成一团，战斗从中午一直打到晚上，场面非常惨烈。最为激烈的时候，一块小小的阵地都会让双方反复争夺，连后勤部队都被派上了战场。关键时刻，郭子仪带着五千回纥骑兵再次出现，兵锋所过之处，叛军望风而逃，这极大地鼓舞了唐军士气。原来，郭子仪在战前已经预料到战事会进入相持阶段，因而用回纥骑兵挫败了叛军骑兵之后，立即将回纥骑兵撤下战场休整，并且用唐军精锐骑兵换上回纥骑兵的衣服补足了编制。如此一来，当齐装满员的回纥骑兵在郭子仪的带领下再次出现，战局立即发生了一边倒的变化。

此战，唐军斩杀叛军六万余人，俘虏两万余人，安太清败走，其余残兵败将仓皇逃回长安城内龟缩不出。郭子仪心知对方已经成为惊弓之鸟，遂决定对长安城实施夜袭，其部将仆固怀恩雪耻心切，主动请命负责此次奇袭。郭子仪应允，仆固怀恩遂带领数百名精锐士兵潜入城内，大举制造混乱后，郭子仪催动大军发起猛攻，长安城终于回到唐军手中。第二天，唐军举行了盛大的入城仪式，全城百姓夹道欢迎，杀鸡宰羊庆贺。很快，肃宗皇帝从灵武迁回长安，郭子仪助其稳定大局之后，便率军东出潼关，发起了针对洛阳的攻势。

此时，镇守洛阳的正是叛军首领安禄山的儿子安庆绪，当然他已经成为新的贼首。听说郭子仪率众来攻洛阳，他派出大将严庄和张通儒率领十万大军主动迎战，双方在新店（今陕西陕县）遭遇。当时，叛军在山上占据优势地形，唐军在山下处于不利地势，郭子仪见状当机立断，不等阵形摆开，首先派出精锐部队对敌发起进攻，迫使他们放弃刚刚修好的防御工事；接下来，他又命令回纥骑兵快速迂回到山后，对敌军后防发动攻击；最后，郭子仪亲自坐镇中军，对叛军发起了正面攻击。兵锋刚一接触，郭子仪军便佯装败走，叛军果然穷追不舍。叛军追到郭子仪安营扎寨的地方，忽然伏兵四起，原来郭子仪早已为叛军挖好了陷阱，一战覆灭了安庆绪的十万大军。

安庆绪谋略不及安禄山，胆量同样不及，眼见严庄和张通儒逃回，他立即陷入一阵慌乱当中。严、张二人建议主动放弃洛阳，以避唐军之锐，安庆绪早就没了主意，闻言立即决定依言行事，**留下一批将士殿后**，便溜之大吉了。郭子仪见状，放弃已是**囊中之物**的洛阳不打，挥师掩杀安庆绪残部，一路追过黄河，一直到相州（今河南安阳）才勒住马。这个时候，洛阳的叛军守将已经看明形势，**郭子仪回师之后便主动出城投降，因而唐军未费一兵一卒收复了东都洛阳**。回朝之后，郭子仪再次被擢升为司徒，获封代国公。

北伐

两京收复之后，李唐王朝的龙兴之地得以保全，**肃宗皇帝遂迎回了在成都避难的玄宗皇帝，并尊他为太上皇**。政治方面，肃宗皇帝重用宦官李辅国和鱼朝恩，其中鱼朝恩更是得到了**监督御林军防卫潼关的重任**；军事方面，肃宗皇帝虽然继续重用郭子仪，但是已经开始注意牵制他的势力，以免其坐大。在剿灭史思明的北伐战事中，肃宗皇帝命令九镇节度使一起出兵，却不设元帅一职，只派鱼朝恩出任宣抚使，实际上是权力最大的前线指挥官。应该说，鱼朝恩虽然深得肃宗皇帝的宠信，但是他只会阿谀谄媚，在军事方面却是一窍不通，这就为接下来的时局发展埋下了隐患。

这个时候，史思明虽然退居范阳，但是在重新集结兵力之后，其势力还是非常庞大的，隐隐有卷土重来的意味。唐乾元元年（758）十月，郭子仪经过悉心准备，从杏园（今河南汲县）渡过黄河，进逼卫州（今河南卫辉）。安庆绪接到战报，立即率众来援，郭子仪故伎重施，用伏兵大乱叛军的阵形后，催动大军掩杀，最终得以大获全胜。安庆绪败走之后，郭子仪立即回师进攻卫州，不费吹灰之力就占领了卫州城。在此之后，郭子仪连战连捷，其势锐不可当。最终将安庆绪的老巢相州变成一座孤城，无可奈何之下，安庆绪只好以禅让帝位做条件，向盘踞在范阳的史思明求援。

史思明深知唇亡齿寒的道理，立即派出大将李归仁率军来救，他本人也随后率领大军赶赴相州。这个时候，由于唐军的九位节度使已经相继赶来参加会战，官军的总兵力已经多达六十万人，只可惜由于群龙无首，各节度使都想保存自身实力，因而相州围城战一直持续到次年春天，竟然毫无进展。郭子仪虽然有心破城，但是凭他一部之力很难如愿，因而只能做好打持久战的准备。不过，相州城外的唐军度日如年，城内的安庆绪叛军更是备受煎熬，他们已经吃光了所有能吃的东西，底层百姓甚至出现了易子相食的惨状。

在这种情况下，郭子仪深知叛军已经做好了负隅顽抗的准备，在最后的军事进攻之前，必须尽可能瓦解他们的战斗意志。通过查看周边地形，郭子仪发现相州城地势较低，旁边又有一条大河，因而可以采用水攻。很快，大水灌入相州城，叛军始料未及，为求活命纷纷爬上制高点。本来，此时的叛军已经是强弩之末，只待官军发起进攻就会被击溃。但是就在这个时候，郭子仪等人都忽略了始终在外围游弋的史思明部，或者说由于史思明部一直没有实质性动作，唐军所有节度使都认为他根本没有心思救援安庆绪。殊不知，史思明之所以会坐山观虎斗，乃是想让唐军和安庆绪叛军相互消耗，等到时机差不多了再发起进攻。

　　郭子仪引水灌入相州城后，眼见安庆绪叛军就要支撑不住，史思明忽然发动大规模进攻，唐军各节度使被打了个措手不及，彻底败下阵来。这一战，唐军损失惨重，将士死伤多达数万，战马超过万匹，兵器辎重无数。此时，唐军已经和安庆绪叛军对峙数月，而外围的史思明部却利用这个机会养精蓄锐，因而在史思明发动实质性攻势后，唐军根本没有办法支撑腹背受敌的战事。于是，在鱼朝恩向肃宗皇帝上报后，唐军开始有秩序地撤离相州，郭子仪也随众退守河阳（今河南孟州市），后又负责守卫洛阳。

　　不料，鱼朝恩和肃宗皇帝眼见郭子仪在军中的威望日益增高，担心他一支独大，因而此次把战败的责任一股脑推到郭子仪身上。郭子仪百口莫辩，只能应诏回到长安，他的节度使职位则交给了李光弼。此时，有忠于郭子仪的将士不服朝廷决策，因而准备起兵反对李光弼的统领，并要求朝廷恢复郭子仪的军职。郭子仪从大局着眼，出面力劝这些将领服从朝廷决策，不要做出有害于国家同时有利于叛军的事。应该说，郭子仪最担忧的正是部将们这样做，因为他们的做法不但解决不了问题，还会让自己陷入更大的被动。这些将领对郭子仪言听计从，最终打消了反抗李光弼的念头，转而一心协助李光弼东征西讨。

　　另一方面，史思明帮助安庆绪赶走了唐军，按照此前的约定让安庆绪禅让。安庆绪根本不想放弃自己"皇帝"位，遂以史思明救援不及时为借口，拒绝传"位"给史思明。不想史思明恼羞成怒，竟然将安庆绪杀掉，然后回师范阳，自称大燕皇帝。这个时候，史思明听说郭子仪被免去节度使职务，一时喜出望外，再不把唐军放在眼里。唐乾元二年（759）五月，跃跃欲试的史思明大军开始向洛阳进发，一路过关斩将，直到逼至洛阳城下。肃宗皇帝接连调兵遣将，却连战连败，不得已只能再次起用郭子仪。然而，鱼朝恩以小人之心度君子之腹，认为郭子仪会因为他此前的陷害而记恨于心，并做出对他不利的事情，最终阻止了肃宗皇帝对郭子仪的起用。

史料记载，鱼朝恩为了扫清自己的政治隐患，曾经密谋杀害郭子仪。当时，郭子仪已经被圈禁在长安，手中的兵权也已经名存实亡，基本上到了任人宰割的地步。但是，朝中毕竟还有一批正直大臣，对于郭子仪这样的忠义之士，他们无论如何也不能见死不救。一次，鱼朝恩忽然邀请郭子仪同游章敬寺，实际上他在寺内已经暗藏了刀斧手，只待郭子仪入寺之后便行杀害。郭子仪一生光明磊落，也从来没有把鱼朝恩放在眼里，因而不听正直大臣们的劝告，轻装简行前往章敬寺赴约。入寺之后，郭子仪果然见到草木乱动，惊得他后脊直冒冷汗，幸而正直大臣们纷纷赶来解围，鱼朝恩才没有得逞。郭子仪见识了鱼朝恩的小人之心和伎俩，从此严加防范，才未死在奸佞之徒的手中。

似敌非敌

郭子仪是唐朝名将，对于安史之乱的平定居功第一，同时也是维护李唐政权长期稳定的重要的力量。鱼朝恩是肃宗皇帝最宠信的宦官，势力之大遍布朝野。对于这二人来说，虽然郭子仪也曾入朝为相，鱼朝恩也曾出朝监军，但是郭子仪的主要功绩都在地方，而鱼朝恩的主要作用则在于朝廷。作为当时最赫赫有名的两大人物，他们之间是必然会存在交集甚至碰撞的，但是由于种种原因，郭子仪和鱼朝恩之间的关系实际上却是对立而又统一的。简单来说，在面对外敌的时候，他们的利益和立场一致，都为国家的稳定做出了贡献。但是在外敌消除之后，内部矛盾又会上升为主要矛盾，主要指的是鱼朝恩对郭子仪的猜忌。

客观来讲，如果从鱼朝恩或者肃宗皇帝的角度来讲，他们对郭子仪的提防也不是全然没有道理。安禄山之所以能够手握大军，统辖十余州领地，正是因为玄宗皇帝的过度信任，当然也包括安禄山本人的善于逢迎。郭子仪平定战乱虽然是代表李唐政权，但是如果对他不加任何限制，最终势必会失去限制的能力，届时难保他不会成为第二个安禄山。从郭子仪的一生行为来看，他是不会反叛的，当然也没有反叛。但是有了安禄山的前车之鉴，鱼朝恩和肃宗皇帝的做法虽然有失妥当，却也是无奈之举。

与此同时，我国古代社会的军事惯例也存在先天不足，就是军中将士大多只忠于自己的主将，对于国家和君主的忠诚则居于次要地位。翻开历史战争记录，多半会出现以军队将领姓氏命名的某家军，比如郭子仪的部队在当时就称为郭家军。再加上"将在外君命有所不受"的历来传统，中央政府对大将外出用兵向来顾虑颇深，但同时又必须倚重有能力的大将去抵御外敌。因此，在对郭子仪委以重任的同时，肃宗皇帝命鱼朝恩去郭子仪军中担任监军，在当时也算是最合理的做法了。然而，当鱼朝恩担任监军的消息传来后，郭子仪的部将是非常气愤的，这不仅是因为他们对宦官的成见，同时更是对肃宗皇帝不信任郭子仪的愤懑，庆幸郭子仪能够从大局利益着眼，并没有反对肃宗皇帝和鱼朝恩的做法。

当时，由于鱼朝恩的很多做法对郭子仪造成制约，以至于影响了正常作战，他的很多部将要求寻机杀掉鱼朝恩。最为激烈的时候，将士们已经闯入了鱼朝恩的大帐，并且将他五花大绑起来。幸亏郭子仪早有防备，及时赶来制止，并且对鱼朝恩百般道歉。郭子仪对部将们说，肃宗皇帝虽然派鱼朝恩来监军，只是出于担心而已。如果将鱼朝恩杀死，哪怕他只是意外死亡，肃宗皇帝的担心都会升级为猜忌和提防，到时候郭家军就不会再受到朝廷的重用了，甚至还会遭到朝廷的打击。不如将鱼朝恩好吃好喝供在军中，免去肃宗皇帝的担忧之心，郭家军想要为国杀贼也可免去后顾之忧。

只可惜，郭子仪能够顾全大局，凡事从国家利益出发，并且约束自己的部下，鱼朝恩却没有这样的见识和肚量。因此，只要郭子仪平定一方战乱，他就会鼓动肃宗皇帝免去郭子仪的兵权，并且将他调入朝廷做官。可想而知，鱼朝恩作为肃宗皇帝最宠信的宦官，同时也是整个宦官集团的首脑，在军营中所受的委屈自然要发泄到郭子仪身上。等到郭子仪的兵权被解除，并且回到朝廷为官，鱼朝恩对他的攻击也就开始了。前面提到的章敬寺事件，就是鱼朝恩在这一时期秘密策划的，他是否想要置郭子仪于死地不好说，想要狠狠教训他一下却是板上钉钉的事情。

当然，鱼朝恩虽然器量小，肃宗皇帝却不可能在这件事上犯糊涂。他很清楚，巩固自己的皇权可以依靠鱼朝恩以及他身后的宦官集团，但是带兵打仗去平定战乱，还是要靠郭子仪这样的杰出战将。何况，郭子仪对于朝廷的命令向来谨遵慎守，从头到尾并没有显现出反叛的迹象，相反还一直为国家社稷考虑。因此，即便鱼朝恩想要置郭子仪于死地，从肃宗皇帝这里就无法通过。除此之外，郭子仪也注重和朝中大臣的交往，尤其是一些忧国忧民的正直之士，这些人也会从方方面面为他提供保护和支持，如此郭子仪才敢于放心大胆地交出兵权并入朝为官。

正是在这样的情况下，鱼朝恩才做出了一件极不明智的事情，那就是派人挖了郭子仪的祖坟。按照鱼朝恩的想法，郭子仪之所以能够统辖三军，成为唐王朝最优秀的军事将领，乃是因为其祖坟风水好。需要说明的是，鱼朝恩也认为自己的祖坟风水非常好，因而他才能够成为皇帝最宠幸的宦官，因而对自己祖坟的保护力度相当大。所以只要挖了郭子仪的祖坟，同时保护好自己的祖坟，郭子仪迟早会被自己打败，并且再无翻身之日。我们由此也可以看出，像鱼朝恩这样的人，是很难成就什么大事的。但是从另外一个角度来看，肃宗皇帝重用这样的人也有其道理，因为以鱼朝恩的才智和能力，一旦离开皇权的庇护立即就会变得一文不值，因而他只能紧紧依附在皇权之上，而这也正是肃宗皇帝所需要的。

而郭子仪之所以能够容忍鱼朝恩，是因为他早已看明了当时的政治局势，即皇帝重用宦官的现实一时无法改变。既然无法改变，就算扳倒了鱼朝恩，还是会有另外一个宦官跳出来当权，说不定这个人比鱼朝恩制造的祸乱还要大。不过，事实虽然如此，表面文章还是要做的，当郭子仪凯旋之后，肃宗皇帝随即将鱼朝恩下狱，并且公开宣称交给郭子仪处置。这个时候,肃宗皇帝的做法已经很明显,那就是已经做好了放弃鱼朝恩的准备。当然,他还有更深一层的用意,即试探郭子仪到底是不是想杀鱼朝恩。郭子仪自然心知肚明,因而他对肃宗皇帝说:"臣常年在各地带兵打仗,为了修筑防御工事不知挖了多少人的祖坟,却从来没有因此受到处罚。如今,臣的祖坟被挖,又怎么能够惩处对方呢?臣反倒是应该为挖我祖坟的人求饶,同时恳请陛下将臣治罪。"

肃宗皇帝自然不会将郭子仪治罪,而是对他进行了一番安抚,同时也赦免了鱼朝恩的罪过。而鱼朝恩被赦免之后,仍然鞍前马后为肃宗皇帝效力,也可以看出此人没什么节操。更重要的是,当鱼朝恩听说郭子仪那番为他开脱的话之后,对于郭子仪也多少生出一丝敬佩和信任了。在此之后,二人虽然没有成为正式的朋友,但是也在某种程度上达成了一定的默契,这也让郭子仪和整个宦官集团化干戈为玉帛。

第三章
中流砥柱

　　郭子仪虽然在朝中蛰伏，但是包括他自己在内的所有人都清楚，一旦大唐王朝有事，能够倚重的武将只有他。果不其然，无论是面对国家内部的矛盾，还是应对外族发起的侵略战争，郭子仪都表现出了一代名将的崇高风范。尤其值得一提的是，郭子仪做事从来都是以德服人，因而无论是他的政治对手，还是外族番邦首领，都对他五体投地。据此，郭子仪还创造了一件军事史上的传奇，就是以一人一马进入回纥兵营，并且说服回纥退兵，从而一举改变了整个战场形势。

老将出马

　　事实上，鱼朝恩之所以敢于陷害郭子仪这样的英才，是因为在他心目中有一位更加杰出的将领，这个人就是李光弼。在成功阻止肃宗皇帝起用郭子仪后，鱼朝恩将李光弼推上了前线统帅的位置，可惜接下来的战事发展却让他大失所望。唐上元二年（761），李光弼率军和史思明激战于邙山（位于洛阳北部），结果大败而回，洛阳周边的最后一座卫城旋即也被史思明攻占。紧接着，史思明兵围洛阳，没了郭子仪的唐军如同没了主心骨，再加上邙山新败，守军并没有进行像样的抵抗，洛阳城就再次陷落在了叛军手中。

然而，就在这个重要关口，历史上演了惊人相似的一幕。前面已经说过，安禄山叛军的强大势头之所以发生逆转，安禄山被其子安庆绪杀掉是关键因素。此时，史思明又掀起了强大的进攻势头，结果在成功占据洛阳之后，居然也被自己的儿子史朝义杀掉，史思明叛军的势头随即大为削弱。不过，当时的情况也与上次存在一定出入，即唐军的内部矛盾已经逐渐暴露出来。河中节度使李国贞和太原节度使邓景山等相继被部下所杀，虽然这些人都自擅自继承主将职位，可谓胆大妄为，但是肃宗皇帝担心他们和叛军同流合污，一时也只好以安抚为主。

当然，为求长远之计，肃宗皇帝还是决定惩办这些不法将领。但是他们手中都握有强大的兵权，如果朝廷没有一支具有压倒性优势的军队做后盾，一旦激起兵变，后果必定会不堪设想。在这种情况下，让郭子仪出山的呼声一浪高过一浪，肃宗皇帝只好压下心中疑忌，再次起用郭子仪，并任命他为朔方、河中、北庭（今甘肃泾川）、潞（今山西长治）、仪（今甘肃华亭）、泽（今山西阳城）、沁（今山西沁源）、绛（今山西新绛）诸州节度使。郭子仪虽然遭到不公待遇，但是他从民族大义和天下百姓的角度进行考虑，最终还是义不容辞地走马上任了。

然而，就在郭子仪整顿兵马之际，忽然传来肃宗皇帝病危的消息。郭子仪还在兀自惊讶，这时传来肃宗皇帝圣旨，让他立即进宫面圣。见到郭子仪，肃宗皇帝在百感交集之际不禁潸然泪下，也许直到这一时刻，他才意识到自己能够倚重的只有郭子仪。由于肃宗皇帝已经知道自己时日无多，他也就没了毫无意义的客套话，开门见山地表明了自己的托孤之意。郭子仪向来忠心耿耿，面对肃宗皇帝的请求，自然不计前嫌地予以允诺。肃宗皇帝为示表彰，给了郭子仪大批赏赐，同时也将军政大权放心地交到了他手上。

郭子仪的主要任务虽然是剿灭叛军，但是首先必须解决那些作乱的唐军将士。应该说，郭子仪本人在军中的威望就是一种震慑，因而在他重掌军权之后，大部分作乱的将领不是投案自首，就是逃走奔命去了。一些顽固不化之徒还想勾结叛军自保，等到郭子仪大军一到，全都望风而逃，唐军内部的问题由此得到解决。也就是在这个时候，肃宗皇帝驾崩的消息传来，太子李豫继位登基，是为唐代宗。至于这位代宗皇帝，真可谓上梁不正下梁歪，他放着满朝文武不用，偏偏宠信宦官程元振，以至于朝廷上下人心失落。

以程元振为首的宦官集团得势后，全部精力都用在了排除异己上，正直大臣们纷纷开始蛰伏。郭子仪却并未选择明哲保身，而是当仁不让地对宦官集团发起攻击，以便劝说代宗皇帝"亲贤臣，远小人"，将宦官集团明确划分在小人之列。可惜，倚重宦官集团在肃宗皇帝当政时期就已经养成习惯，所以代宗皇帝虽然没有为难郭子仪，对于宦官集团的倚重却仍然不改，从而不可避免地造成了宦官专权。而郭子仪身为武将，对于朝中的政治事宜也不便多管，何况安禄山、安庆绪和史思明虽死，史朝义却仍旧势力庞大，并且占据着唐王朝的东都洛阳。

为了尽快荡平叛军，代宗皇帝任命郭子仪为兵马副元帅，统领大军征讨史朝义。对此，鱼朝恩和程元振予以极力阻拦，并且杀害了郭子仪的两名部将，幸而兵马大元帅李适（即后来的唐德宗，当时还是雍王）力保郭子仪带军出征，才挫败了宦官集团的阴谋。郭子仪虽然已经被政治斗争搞得筋疲力尽，但能够为国杀贼，还是强打精神上路了。由于代宗皇帝在宦官集团的阻挠，只给了郭子仪有限兵权，郭子仪不得不再次向回纥借兵，并且一举借来了十万之众。纨绔子弟史朝义有本事杀害自己的父亲，却在唐军的进攻面前不堪一击，所以郭子仪轻而易举地就拿下了洛阳城。

史朝义兵败，仓皇逃往河北，最终在莫州（今河北任丘）站稳了脚跟。郭子仪率众奋起直追，紧随其后兵临莫州城下，史朝义还想负隅顽抗，他的一众部将却眼见大势已去，纷纷出城投降。史朝义在走投无路之后自杀身亡，莫州旋即被唐军攻破，如此前后为祸八年的"安史之乱"才宣告结束。一般认为，"安史之乱"是唐王朝由盛转衰的节点，安禄山和史思明先后攻占帝国都城，让唐朝的统治者不得不倚重各地节度使。为了打击叛军，朝廷给予节度使的权力越来越大，以至于他们最终得以"自成一国"。更为严重的是，统治者和节度使从此失去了彼此之间的信任，节度使为求自保起兵造反，朝廷为了自保陷害忠良，同时只能倚重宦官。

应该说，如果肃宗皇帝和代宗皇帝能够重用正直大臣，包括郭子仪等忠良将领，而不是倚重宦官集团，唐王朝的命运还可能起死回生。

但是很可惜，统治者为了把国家权力牢牢握在自己手中，未敢轻易和文臣"坐而论道"，而是通过宦官集团对他们进行简单而粗暴的驱使。忠肝义胆如郭子仪等人，在国难的时候被推上前线，一旦局势有所缓和又被闲置驱逐，更多的人为求自保都选择了明哲保身，而仍旧坚持下来的郭子仪，也因为一次次地被小人暗算，坚定了正直大臣们远离政治舞台的决心。在这种情况下，唐朝的统治者被迫只能"亲小人，远贤臣"，唐王朝的国运由此开始走下坡路也就不足为奇了。

李光弼其人

抛开政治不谈，郭子仪一生之所以能够成就千古美名，还有一个非常重要的人物，这个人就是李光弼。早在玄宗皇帝的时候，郭子仪和李光弼都是唐朝著名番将安思顺的部下，据史料记载，二人之间还存在不和，经常因为一些小事发生矛盾，当然大多数情况都是以郭子仪的退让收场。安思顺是安禄山的族兄，二人虽然没有血缘关系，但是从小关系密切，因而在安禄山谋反之后，安思顺就被解除了朔方军节度使的职务。郭子仪作为朔方军中最卓越的将领，得以胜任朔方军节度使，李光弼则由此成了他的属下。

前面已经提到过，李光弼是契丹族将领，为人比较耿直。郭子仪成为他的上司之后，李光弼觉得自己可能要遭到郭子仪的毒手，便找到郭子仪开门见山地说："我死不足惜，但是请求你不要为难我的妻儿，他们是无辜的。"为了让郭子仪高抬贵手，李光弼还跪拜在地，并且泪流满面。然而，李光弼对郭子仪的了解到底太浅，郭子仪闻言之后立即将他扶了起来，也颇为动情地说："现在是国难当头的时候，我们之间怎么能够只记私仇，而不顾国家的正事呢？"为了消除李光弼的顾虑，郭子仪还分出一部分军队给他，让他独立带兵，然后相约一起剿除敌寇。

李光弼治军极为严格。当时在其军中效力的有不少朝中大员的子嗣，他们之所以会在军中任职，完全是为了捞取政治资本，同时为朝廷牵制在外将领的兵权。但是李光弼对所有士兵全部一视同仁，并且都要为战争做准备，因而得罪了很多朝中权贵。如果不是郭子仪始终从旁周旋，李光弼不要说建立战功，就是能够保全性命也是难事。而郭子仪却为人宽和，即便部下犯了错误，只要不触犯原则，他都会睁一只眼闭一只眼。尤其是在行军打仗的时候，郭子仪基本只是统筹全局，给部将留出充分的自主空间，因而得到了将士们的普遍拥戴。

郭子仪受命平叛之后，拨给李光弼一万精兵，让他攻入叛军的大后方河北。李光弼也确实不负众望，出兵之后势如破竹，接连收复数座城镇，一直进攻到叛军腹地，并且占领军事重镇常山。当时，由于李光弼打出了威风，很多被安禄山打散的唐军将领纷纷聚众抗贼，以至于掀起了一场浩浩荡荡的敌后战争。后来，虽然是因为得到了郭子仪的解围才击退叛军，但是在得到支援之前李光弼已经御敌四十余日，并且颇具胆识地起用了一批降将。可以说，如果单纯从战术角度来讲，李光弼几乎可以和郭子仪比肩，只是在战略上比郭子仪稍逊一筹而已。

击退叛军之后，郭子仪随即举荐李光弼为范阳节度使，随即开始在河北各地往来驰骋，收复了大片失地。从当时的情况来说，朝廷实际上已经把整个河北交给了李光弼收复，由此可见其军事能力之强。最终，在李光弼的接连打击下，经略河北的叛军守将史思明只能退守老巢范阳，而李光弼也很快开始筹划攻取范阳。当然，这个时候安禄山在前线的战事又取得重大进展，长安最重要的门户潼关失守，李光弼才被迫放弃经营河北，紧急赶往潼关参加会战。在此，我们不妨设想一下，如果玄宗皇帝没有出现战略性失误，哥舒翰能够得以守住潼关，李光弼在整个"安史之乱"中的作用还将更大，至少收复河北是轻而易举的。

肃宗皇帝继位之后，李光弼军受命赶往灵武，拱卫天子。作为封赏，李光弼获封户部尚书衔，同时担任灵武留守。在接掌禁卫军之后，李光弼发现这支军队纪律涣散，作战能力低下，实在是难副其名，随即对其展开了大刀阔斧的改革。然而，改革纵然有千万种益处，李光弼却有一个必须要克服的问题，那就是改革过程中必然会触及多方利益。前面已经提到过，以鱼朝恩为首的宦官集团与郭子仪不和，因而与李光弼建立了密切的关系。于是，在宦官集团和肃宗皇帝的支持下，李光弼斩杀了最大的改革反对者崔众，从而威震三军，并就此奠定了他在大唐军队中的地位。应该说，对于大唐禁卫军的改革得见成效，在当时恐怕是郭子仪都无法完成的高难度动作。

后来出镇地方，李光弼的辖区在太远，负责守卫李唐政权的北面安全。太原自古就是兵家必争之地，李光弼出镇此地之后，果然遭到史思明的大举进攻。当时，由于史思明率大军而来，李光弼毫无还手之力，只能退守太原。其部将建议，史思明势大，必须尽快加强太原城的防御工事。但李光弼却表示反对，认为采取守势只能等待援军来解围，而当时的唐军已经被完全牵制，且分散在全国各地，即便有援军来助，恐怕也等不到了。不过，李光弼的军队虽然精锐，但是和史思明的部队相比尚有不及，主动出击无异于自取灭亡。在这种情况下，李光弼把全部精力用在了机械制造上，最终制成了一批威力巨大的炮石投放器，并且在城内修筑了多座高台，用于炮石投放。战争开始后，李光弼正是凭借这一利器，才成功击退了史思明的进攻。

在此之后，李光弼因功获封舒国公，从而达到人生和军旅生涯的巅峰。再后来，在十二路节度使兵围相州的战斗中，李光弼军队也是重要的一支。史料记载，各路节度使大多考虑自身利益，相互推诿责任，谁都不肯与叛军死战。唯有郭子仪和李光弼军，在战斗打响后和叛军展开了殊死搏斗，并且在大败之后负责掩护各路节度使撤退。值得一提的是，相州大败让各路军队的后勤供应失去保障，各路节度使都有纵兵抢掠的劣迹，就连郭子仪也未能及时制止部队的不法行为。而李光弼军却因为向来军纪严明，尽管在撤退路上衣不蔽体，食不果腹，却对老百姓秋毫无犯。

郭子仪因兵败被罢免职务后，李光弼升任天下兵马副元帅，负责镇守东都洛阳。这个时候，恰逢叛军掀起第二轮攻势，贼首史思明率众来攻洛阳。由于敌众我寡，李光弼主动放弃洛阳城，有效地保存了部队的有生力量。在史思明进占洛阳后不断袭扰，对其形成了有效的牵制，如此才避免了史思明对潼关的冲击，进而保住了大唐首都长安城。只可惜，在朝廷的"既用又防"的政策前，李光弼和郭子仪做出了截然相反的选择,他拥兵自重,拒不入朝,成了割据一方的军事豪强。与此同时,由于李光弼麾下有很多郭子仪的部将,这些人时刻谋划着发动兵变。再加上朝廷的不断施压,李光弼年仅五十七岁便郁郁而终,一代名将的人生由此画上了句号。

战吐蕃

"安史之乱"对于唐王朝的最大负面影响不在经济损失,而是中央权力向地方权力的转移,因此可以说"安史之乱"才是唐朝走向覆灭的开端。在此之后,唐王朝出现外重内轻的军事格局,当国家出现祸乱的时候,地方军镇被倚重的程度越来越重,同时他们所获得的权力也越来越大,直到这些军镇逐渐变成了实际上割据一方的军阀。本来,只要唐王朝的统治者对症下药,在"安史之乱"结束后立即调整战略方针,把主要任务放在消除地方将领坐强坐大上,事情还可以有所回转。但是就在这一关键时刻,西域的吐蕃再一次兴兵来犯,大举助长了地方将领的割据之势,以至于唐王朝的统治者根本腾不出手来有所作为。

唐宝应二年(763),吐蕃攻陷唐朝的边防重镇泾州(今甘肃泾川),泾州刺史高晖投敌叛变,成为敌军的引路向导。前面已经说过,李唐政权的主要威胁来自西方,这也是唐军多次向西用兵的原因，吐蕃军队此次来势汹汹地进攻，自然让满朝文武大为震惊，形势越来越严峻。然而，这个时候的李唐政权正值宦官弄权，这些对内搞阴谋内行，面对外敌侵略却是外行，从来都是坏事的胚子。郭子仪回到朝廷被控制后，他的部将们多有不满，其中尤其以仆固怀恩表现最强烈。宦官集团因此想要铲除仆固怀恩，而仆固怀恩作为大权在握的地方将领，也随应时代潮流，不再把中央政权放在眼里，因而联合了一些对朝廷不满的郭子仪旧将，并且在吐蕃和回纥的支持下竖起叛旗。

需要说明的是，太宗皇帝之所以能够轻而易举地震慑住吐蕃，军事强大是一方面，吐蕃极为落后的生产能力也是重要原因。但是随着文成公主入藏，带去了大批先进的文化知识和生产技术，经过数十年的教化和发展，吐蕃的实力已经大为增强。再加上李唐政权内部矛盾日益突出，并且已经激起了仆固怀恩等人的造反，李唐政权又一次陷入了深重危机。这个时候，代宗皇帝又想起来郭子仪，任命他为副元帅，领兵镇守咸阳。然而，名义上虽然让郭子仪以副元帅职位领兵，实际上却只让他带了身边的数十名亲卫，其余将士全部交给了李光弼统辖。郭子仪想要镇守咸阳抵御吐蕃，只能临时招兵买马，但是在他匆匆聚集一万人之后，吐蕃兵就以十万之众进逼咸阳城下了。

就在郭子仪准备全心迎敌的时候，吐蕃听说镇守咸阳的是郭子仪，居然兵锋一转，直接杀向长安城了。负责防卫京城的程元振无才无德，根本没有组织起像样的防御，再加上代宗皇帝率先逃往陕州（今河南陕县），长安城已经是岌岌可危。郭子仪闻讯火速赶回长安，但是由于宦官集团的搅局，此时的他也是无力回天，只能主动撤离，吐蕃就此攻占长安城。一片混乱中，郭子仪得知唐军残部多逃亡商州（今陕西商州），又马不停蹄地赶了过去。众将士听闻郭子仪到来，纷纷表示愿意效力，很快就组建了一支临时部队。在此之后，一些尚存建制的部队将领也纷纷率众来归，郭子仪手中的军队越来越多，同时也再一次担起了挽回危局的重任。

当时，距离长安最近的地方军镇是邠州（今陕西彬县）节度使白孝德的部队，郭子仪以便遣使去求援，自行组织长安收复战。当时，吐蕃军队虽然已经攻入长安，但是还没有来得及稳定局面，因而主要兵力都驻扎在蓝田（今陕西蓝田）。郭子仪遂派长孙全绪带领二百轻骑在蓝田城四面的山上虚张声势，白天遍插旌旗，晚上点火如星。如果有空闲时间，还用马匹拉着树枝扬尘撒土，目的是让城中的吐蕃士兵心生胆怯；其次，郭子仪在敌军来援的必经之路上设置伏兵，且安排了集中力量随时准备增援；最后，郭子仪让部将率少数兵马趁着夜色在蓝天城东发起佯攻，他则率领大军在城西准备发动猛攻。吐蕃兵果然中计，大部分将士赶往东城后，郭子仪催动大军，一举攻进了蓝田城。

蓝田一失，吐蕃兵便失去了前线的大本营，驻守在长安城内的将士更是人心惶惶。郭子仪派人潜入长安，制造混乱之后大举攻城，很快便将长安城收复回来。在此之后，代宗皇帝任命郭子仪为京城留守，负责保卫长安城的安全。这个时候，代宗皇帝原本应该尽快赶回长安主持大局，但是程元振等宦官集团眼见郭子仪坐大，担心回来之后被他打击报复，因而说服了代宗皇帝继续留在陕州，同时筹划迁都洛阳。郭子仪从大局出发，深知这个时候国家上下必须一致对外，因而恳切请求代宗皇帝回朝,最终得允。这一次,因为屡次建立奇功,郭子仪的画像被挂到了凌烟阁,这对于唐朝大臣来说是莫大的荣誉。

战事方面,吐蕃兵虽然败走,但是元气未伤。在仆固怀恩的怂恿和带领下,吐蕃大军和回纥大军再次来犯,总数达到十万之众。前面提到过,郭子仪为了平定"安史之乱",曾经屡次向回纥借兵,每次也都能够得到同意。只是因为回纥在武则天时期请求归入唐朝,最终也得到了武则天的同意,因而在回纥地区分为六府七州,从此纳入唐朝版图。在此之后,回纥与李唐中央政府往来频繁,在政治、文化和经济上多有交融。肃宗皇帝时期,还把公主嫁入回纥,因而双方关系一直非常友好。此次,回纥之所以兴兵来犯,主要原因是受仆固怀恩的鼓动。

这一次,仆固怀恩纠集吐蕃和回纥十万大军来犯,长安再一次暴露在兵锋之下,代宗皇帝和满朝文武也再次陷入惴惴不安当中。不用说,郭子仪在这个时候还是会被推出来担任重任,这一次他还是被任命为兵马副元帅,兼河中(今山西永济)节度使。为了安抚代宗皇帝和一众文武大臣,郭子仪把对仆固怀恩的了解统统说了一遍,并且保证把他解决掉。接下来,郭子仪也率领十万大军去迎战仆固怀恩,有部将建议郭子仪趁对方立足未稳,发起出其不意的打击,以收得奇效。郭子仪知道仆固怀恩远道而来,必然后勤不济,因而采取了拖延战术对敌,果然迫使仆固怀恩不战而退。

但是,仅仅过了一年之后,仆固怀恩又纠集了三十万大军,包括吐蕃、回纥、党项和羌族等众多番兵。此时,郭子仪奉命镇守河中,立即被代宗皇帝调往泾阳(今陕西泾阳)驻防。为了消除代宗皇帝对自己的戒心，郭子仪完全听从了朝廷安排，手中只掌握着一支万余人的老弱残兵。匆匆赶到泾阳之后，仆固怀恩已经张开了罗网，迅速对郭子仪军完成了合围。郭子仪一边请求友军来援，一边挑选出两千精兵主动出击，打了敌人一个措手不及，这才勉强把战事拖入了僵持局面。这个时候，淮西（今河南汝南）节度使李忠臣率兵来救，才最终解了郭子仪的围。

在此之后，仆固怀恩在败走途中忽然身染重兵，行至鸣沙（今宁夏中卫）的时候便一命呜呼了。

单骑退回纥

仆固怀恩一死，他所纠集的大军立即陷入群龙无首的局面，吐蕃和回纥等番兵也立即采取了守势，从而以不变应万变。此时，郭子仪的兵力守城有余，想要一举歼灭来犯的敌兵却难比登天。但郭子仪毕竟是郭子仪，通过一番了解，发现敌军的阵营并不是铁板一块，尤其是曾经多次帮助他的回纥兵，很有可能争取到唐军一边。原来，仆固怀恩为了争取吐蕃与回纥等番兵的支持，谎称郭子仪已经被鱼朝恩等宦官害死了。吐蕃与回纥等番兵政权曾经见证仆固怀恩在郭子仪麾下效力，再加之当时的通讯和交通不利，也就轻信了仆固怀恩的话。

因此，当郭子仪派人到回纥军中劝退，回纥将领对郭子仪的健在都表示很惊讶，同时也不敢轻信使者的话。使者回来之后说明了情况，郭子仪立即决定亲自到回纥军中劝退，其部将纷纷阻拦，勉强同意之后还要让他带上亲卫队。郭子仪却表示，如果回纥是在用计，或者出尔反尔，就算带上亲卫队也没有用，反而会让回纥觉得自己不相信他们。于是，在郭子仪的强行坚持下，他只身一人骑马进入回纥兵营。

可想而知，两军对阵时一方主将只身进入对方营地是极为冒险的事情，这不仅关系到主将的一人安危，同时也势必关联到战事的发展。古往今来，为了逞一时之勇，只身前往敌营而被杀被俘者也不在少数。因此，如果主将真的要进入对方营地，仅有胆量是远远不够的，更重要的智慧和经验。郭子仪曾经与回纥打过交道，并且因为善打恶仗和硬仗而受到对方的尊重，回纥军中的很多重要将领，甚至曾经和他结拜为兄弟。即便如此，郭子仪还是在出发前做出了确保万无一失的安排，他很清楚驻扎在泾阳的唐军处在什么样的境地，简单来说"出则战败，逃则被歼"，因而一面派人求援，一面派人安排守城，如此才前往了回纥军中。

回纥将领见郭子仪单骑入营，对他的神勇无比惊叹，同时也证实了是仆固怀恩在说谎。回纥将领亲自出帐迎接，郭子仪也如同见到自己的朋友和兄弟一样，充满了镇定和热情。回纥人多是耿直之士，见到郭子仪不等他说明来意，便表示自己是受了仆固怀恩的蛊惑，甚至表示是看在郭子仪的面子上才发兵相助的。现在，既然知道仆固怀恩是在说谎，又见到了郭子仪，再也没有继续作战的理由。郭子仪闻言自然大喜，他进行分析，开导他们说，回纥人虽然忠厚，但是吐蕃人却总是不守信义，多次侵占回纥与大唐领土，此次又助纣为虐，帮助仆固怀恩兴兵来犯，不如回纥与大唐再次联手，将吐蕃一举消灭。

由于回纥的力量不如吐蕃，长期以来确实一直受到吐蕃欺辱，再加上大唐王朝的强盛是有目共睹的，回纥最终同意了郭子仪的建议。当天，回纥首领大摆宴席，郭子仪心事已了，喝得酩酊大醉才被回纥士兵送回城。第二天，郭子仪按照之前的约定带兵出城，回纥首领也带着回纥军与之相会，想要一起去进攻吐蕃。结果等到他们赶到吐蕃的营地一看，发现对方已经连夜逃走了，郭子仪与回纥首领纵兵追击，由于吐蕃裹挟了大批牛羊财物，最终被唐军与回纥军追上，并很快打将其击败。原来，吐蕃军之所以兴兵来犯，也是听信了仆固怀恩说郭子仪已死的谎言，眼见郭子仪没死，并且与回纥军达成联盟，吐蕃军立即丧失战斗意志，带着抢夺来的财物连夜逃窜，被追上之后也根本没有组织起像样的抵抗。

此战之后，郭子仪的威名再度高涨，吐蕃与回纥因为他的存在不敢来犯，国内的很多节度使也因为他而不敢轻举妄动。史料记载，魏州（今河北魏县）节度使田承嗣荒淫无道，占据一方称王称霸，尤其对于当地的百姓实行高压统治，曾多次激起民变都被他残酷镇压。代宗皇帝多次派兵前去剿除，但田承嗣有万夫不当之勇，被派前去的节度使又担心折损占据的实力，因而大多不肯用心用力。最后，还是只能依靠郭子仪，不过当时的郭子仪正在边镇巡防，于是便派自己的部将去镇压田承嗣。等到郭子仪的部将带着军队赶到，田承嗣居然不战而降，主动出城跪拜相迎。还有很多节度使，干脆做起了土霸王，凡是在自己辖区内经过商队和军队（主要指后勤运输部队），都要进行抢掠，但是郭子仪的后勤部队却从来畅通无阻，以至于成群的商贩都要跟在他的后勤部队后面寻求庇护。

由此可见，郭子仪在当时的军事威望已经升至极点，但是也正因为如此，代宗皇帝尤其是宦官集团对他的猜忌就越重。如此一来，就出现了一个奇怪现象，其他将领都是打了胜仗之后加官晋爵，郭子仪打了胜仗之后却贬官削俸，尤其不让他掌握兵权。等到国家有事，郭子仪又会被临时起用，这个时候的他才开始招兵买马，或者得到一些老弱残兵。但他又总是能够化腐朽为神奇，一次次地创造战争传奇，无怨无悔且兢兢业业。长此以往，朝廷习惯了这样的做法，郭子仪也习惯了朝廷的做法，这种极不正常的情况反而司空见惯了。

第四章
完美的人生

　　郭子仪的人生堪称完美，被史家称为"五福老人"，即长寿、富贵、康宁、好德和善终，这在古代历史人物中是非常少见的。一方面，郭子仪注重和每个人搞好人际关系，另一方面，他也从来不与对手发生正面冲突。比如：在战场上，他多次与回纥联手，善于抄敌人的后路；在朝堂上，他注重结交大臣，又从不和鱼朝恩等宦官正面对抗。因此，郭子仪虽然遇到过无数强敌，也被宦官集团屡进谗言，却能够一直屹立不倒。

仁爱厚德

　　一般认为，郭子仪出身军人世家，从小受到很好的教育，不仅具有卓越的军事才能，而且具有出众的个人素养。史料记载，郭子仪战功赫赫，却从来都是以忠厚和蔼的形象示人，尤其对待自己的部下，就像是一位老大哥。因此，凡事在郭子仪麾下效力过的将士，无不传扬他的美名，每次他被调任到其他地方，部下也都是极力挽留。当然，如果郭子仪只是一个老好人，最多也只能让将士们不讨厌而已，之所以那么多人愿意追随他东征西讨，主要还是因为他在军事指挥上同样注重以德服人。

唐大历八年（773），郭子仪曾率领朔方军与吐蕃作战，部将浑瑊作战不力先后丢失宜福禄（今陕西长武）和盐仓（今甘肃泾川）等军事重镇。按照当时的军法规定，浑瑊会被判处很严重的罪，但是郭子仪很清楚，浑瑊之所以会战败，与他麾下的一批老将自恃功高不予配合有关。于是，郭子仪不但没有治浑瑊的罪，而且重新调整了军事人员配置，让他戴罪立功。这个时候，吐蕃军正值新胜，士气正旺，准备一举吃掉郭子仪的朔方军。但是郭子仪巧妙地谋兵布阵，最终将吐蕃的兵锋迟滞下来，双方陷入僵持战局。郭子仪眼见时机成熟，立即派出浑瑊出战，浑瑊早就憋着一股劲儿，出战之后果然连战连捷，帮助郭子仪对吐蕃军实施了沉重打击，郭子仪也由此得到了一位忠心耿耿的猛将。

当然，郭子仪对部下宽仁并非毫无原则，在当时唐军的诸多部队中，郭子仪的军队尤其以军纪严明著称。一次，郭子仪军奉命在大雪天深入不毛之地追击突厥，有个士兵实在禁不住冻饿之苦，拆了一位山民的木栏生火取暖做饭。山民听闻是郭子仪的部队，不但没有责备那位士兵，反而将自己的木栏尽数拆除，让路过的士兵取暖做饭。郭子仪听闻此事后，立即找来那位拆除木栏的士兵，惩罚他在山民家耕种一年，以弥补山民的损失。至于其他接受山民木栏生火取暖的士兵，同样给予了不同程度的惩处。

面对宦官集团的排挤，郭子仪始终保持隐忍退让原则，目的只是为了能够留在朝中为国为民做一点贡献。郭子仪不反击，宦官集团就找不到打击他的理由，因而不断加重对郭子仪的打击力度。一次，郭子仪带兵出征，鱼朝恩居然暗中指使小人挖了郭子仪家的祖坟。在我国，尤其是在古代社会，有两样仇恨是要以命相搏的，其一是杀父，其二是夺妻，所谓"杀父夺妻不共戴天"。但是在这两样仇恨之上，还有一则更大的仇恨，就是被挖祖坟，因为再也没有比这更大的侮辱。郭子仪却公开表示不追究此事，更没有对鱼朝恩等人表示不满，此举让鱼朝恩等人逐渐失去了打击郭子仪的兴趣。

对于代宗皇帝的旨意，郭子仪更是无所不从。比如代宗皇帝曾经提倡节俭，当时恰逢郭子仪的儿子大婚，酒席都已经订好了，邀请宾客的名单也已经送出。但是郭子仪却改为一切从简，不仅酒席改为家常便饭，连宾客都改为至亲好友。一次，郭子仪向代宗皇帝举荐了一名官员，而且让他出任的官职非常小，但是代宗皇帝却迟迟不肯批复，对此，郭子仪立即上书，"揭露"被举荐者的"斑斑劣迹"，并主动承担用人不察的责任。对于郭子仪举荐人的事情，实际上是宦官鱼朝恩搞的鬼，他把郭子仪的举荐书压在手里，迟迟不给代宗皇帝看。代宗皇帝得知这件事后，立即予以批复，但郭子仪却执意不肯，最终也没有让这件事达成。

还有一件事，足以证明郭子仪之深明大义，以及所受委屈之沉重。郭暧是郭子仪的第六子，也是他众多子女中最为出色的一个，因而得以迎娶升平公主为妻，成了代宗皇帝的驸马爷。升平公主仗着自己是皇帝的女儿，从来不把郭家人放在眼里，一次郭子仪过寿，她是唯独没有参加的人。郭暧因此极为恼火，对着升平公主大吼道："不要以为皇帝有什么了不起，我父帅根本不稀罕当，如果他想做皇帝，天下早就姓郭了。"这样的话，哪怕是夫妻之间，因为特殊的家庭背景也是大逆不道之言。郭暧话一出口，就知道自己闯了祸，升平公主也随即跑回皇宫去告状了。

然而，接下来的事情出乎所有人预料。代宗皇帝虽然对郭子仪素有猜忌，但这毕竟属于家事，所以他也终于说了一句真话。史料记载，代宗皇帝屏退左右，语重心长地对升平公主说："驸马说的可是一点都没错啊。"听闻代宗皇帝的话，升平公主不禁目瞪口呆，她实在没想到事实会是这样，从此再也不敢轻视郭家人了。但是，郭子仪得知此事后，立即五花大绑将郭暧押解入宫，死活想要让代宗皇帝定他的罪。代宗皇帝根本不想追究，升平公主也意识到了问题的严重性，因此大家一起为郭暧求情，郭子仪才把郭暧带回去用家法对他进行了惩处。

应该说，安禄山的反叛让唐朝的统治者不敢轻信各地节度使，进而不敢轻信满朝的文武大臣。在这种情况下，统治者能够依靠的只有外戚集团和宦官集团，而玄宗皇帝对外戚集团的重用，又证明了这条是走不通的。于是，自肃宗皇帝开始，便主要依靠宦官集团，此时的代宗皇帝更是沿承并加大了对宦官集团的倚重。如此一来，文臣和武将就被天然隔绝在了核心权力之外，从某种程度上来讲，这样的政治格局也是导致各地藩镇割据自保的原因，只是李唐王朝的统治者已经无力改变这种现状。郭子仪能够在如此政治环境中存活，并不是因为他有着高超的政治艺术，而只不过是忍辱负重的能力比一般人更强。

当然，在与朝臣的交际方面，郭子仪也是如履薄冰，丝毫不敢大意。郭子仪晚年身染重病，长期卧床不起，朝中大臣按理轮流到家中探望。时任御史中丞的卢杞也来探望，郭子仪听闻门吏来报，立即让家人并仆人全部退下，只由自己一个人接待。卢杞进屋之后不明所以，郭子仪只对他说自己的家人难登大雅之堂，何况自己还有一些重要的话对他说，但郭子仪实际上也只是说了一些无关痛痒的动情话而已。卢杞只是觉得郭子仪小题大做，同时又觉得他太容易动情，但是由于郭子仪已经年老病重，他也没有起疑。

后来，郭子仪曾经对自己的妻子言明原委，卢杞此人相貌奇丑又动作滑稽，如果留家人并仆人一起接待，难免会有有人对他私下议论，甚至有可能当场笑出声来。而卢杞又是器量极其狭小之人，同时又深受皇帝宠信，如果因此和家人并仆人结下仇怨，将来必然遭到他的打击报复。到时候，宦官集团必然从旁怂恿，皇帝恐怕也会坐视不理，更为重要的是，此时的郭子仪已知自己的生命进入最后时光，无力继续保护自己的家人。事实证明，郭子仪的担心绝非多余，卢杞在皇帝的宠信下一路平步青云，最终做到了宰相的职位，而凡是得罪过他的人全都遭到了歹毒的报复。

大智慧

纵观郭子仪一生，历经玄宗、肃宗、代宗和德宗几位皇帝，他平定了"安史之乱"，解除了吐蕃和回纥对大唐的威胁，中兴唐朝，可谓功绩显赫。与此同时，郭子仪本人一生安康，膝下聚有八子七女，儿子和女婿也都是朝廷重臣，处世哲学也常常为后人所津津乐道。对此，我们也可以做出一番探究，看看郭子仪的大智慧到底存在于哪些方面，相信无论是明史还是辨己，都会产生极大助益。一般认为，郭子仪的大智慧可以总结为以下几点：

首先，争取皇帝的信任。"安史之乱"爆发后，太子李亨逃到灵武另立朝廷，同时自行称帝。而灵武所在的地区，正是郭子仪着重经营的地方，因此可以说，是郭子仪帮肃宗皇帝攒下了平定安史之乱的班底。在肃宗皇帝的诏令下，郭子仪果断回师，帮助肃宗皇帝迅速稳定了局面，从而在极大程度上得到了肃宗皇帝的信任。

郭子仪从来不做任何一件有悖忠诚的事情，哪怕遇到不公的待遇，甚至受到诬陷和打击也不例外。这样的做法高度契合了统治者的心理需求，不仅轻松避开了当时的法律问责，而且符合封建社会的最高道义准则，乃是极为高超的生存艺术。史料记载，不管是在朝为官，还是在外御敌，只要有朝廷的诏令下达，郭子仪从来都是毫不犹豫地予以执行。也许有人会说，郭子仪奉行如此原则未免显得有些愚忠，然而在皇帝疑心满腹和朝廷充斥奸佞的当时的政治环境下，他所奉行的政治原则尽管有些无奈，却可以称为最明智的做法。

当然，在不涉及忠诚的事情上，郭子仪做事从来都是当仁不让的。李唐政权在受到西部吐蕃与回纥等番兵的威胁时，一些目光短浅的大臣劝代宗皇帝迁都洛阳，代宗皇帝最终也趋向于采取这一做法。但是郭子仪很清楚，番兵虽然势大，但是向来只懂得用强，对于中原王朝的威胁只在昼夜之间，而不在心腹之上。因此，郭子仪力劝代宗皇帝放弃迁都，并且将各种缘由陈述得一清二楚，代宗皇帝被说动，最终采用了郭子仪的建议。后来，中原地区的藩镇势力日重，洛阳几次经历战火荼毒，长安却能够凭借潼关之险得保周全，郭子仪的远见自然让代宗皇帝大为钦佩。

其次，拒绝参与各种政治斗争。在我国古代社会，始终不乏正直之士对奸佞之徒发起攻击，客观来讲也确实站在了国家命运和民族大义的角度。然而具有讽刺意味的是，统治者往往会从自己的利益角度出发，所以正直之士大多会败于善于逢迎的小人之手。到头来，正直之士空有忠义的美名，于国于民却并无助益，稍有不慎还会身败名裂。与此同时，但凡发起或被卷入政争者，都会在道义上寻求制高点，同时把对方无限度贬低。然而，在利益面前，一切是非对错都有可能被扭曲，因而政争当中极少有人能够永远立于不败之地。郭子仪早早地看清了这一点，从而拒绝和任何政治集团绑定关系，所以在整个朝廷不断风起云涌的过程中，郭子仪能够始终躲在斗争旋涡之外、笑看风云变幻。

比如在面对鱼朝恩、程元振和元戴等人时，郭子仪虽然不耻与之为伍，但是从不与之发生正面冲突，甚至牺牲自己的利益和原则与之周旋。因为郭子仪很清楚，如果想要为国家社稷做出贡献，必须想办法立足朝廷，而立足朝廷则绝对不能与皇帝倚重的宦官集团为敌。当然，郭子仪还有另外一个貌似正确的选择，就是带领群臣发动对宦官集团的打击。但是这样做不仅结局难料，而且还会加重国家的内耗，这自然是"亲者痛，仇者快"的事。相对之下，郭子仪不去打破已经形成的权力制衡关系，而是在各种政治斗争的夹缝中谋求生存，以便在国家需要的时候挺身而出，才是最正确的选择。

应该说，郭子仪作为当时社会的第一名将，乃是各个政治集团极力拉拢和讨好的对象。再加上"非我族类，其心必异"的斗争法则，依靠一个可以庇护自己的政治集团，对他来说是自然而然的选择。但是从另外角度来讲，郭子仪依附任何一个政治集团，都会让他惹出勾结朝臣的嫌疑，从而让统治者感到担忧。众所周知，不管一个政治集团的势力有多雄厚，统治者的个人意志都是专制统治下最重要的政治风向。如果失去统治者的信任，再雄厚的政治集团也无法提供庇护，因而郭子仪的做法堪称智慧。

接下来，以宽厚仁爱和信任的态度驾驭部将。郭子仪之所以能够在朝廷当中屹立不倒，深谙与统治者及同僚的关系维护之道固然重要，但是更重要的却是其自身的政治资本，也就是在军队中的极高威望。由于每次平定战乱之后，朝廷都会收回郭子仪手中的兵权，因而每次他前往军中担任主将，基本上都是孤身一人。在这种情况下，如果驾驭骄横跋扈的部将们，无疑需要极高的智慧。而郭子仪之所以能够得到将士的普遍拥护，主要依靠的有两样法宝，其一是宽厚仁爱，其二是高度信任。所谓宽厚仁爱，郭子仪对自己的部下从来不施高压，而是充分体恤他们的难处，尽自己所能满足他们的需求；所谓高度信任，郭子仪很少就具体的战斗细节下达命令，而是只给出一个战略目标，只要部将能够完成便加以表扬和封赏。

面对部将的具体能力，郭子仪总是能够人尽其才，只要他们能够胜任某个职位，他都能够不问出处且不计前嫌。比如李光弼、仆固怀恩和李光远等名将，都有赖于郭子仪的栽培和举荐，才得以出人头地。应该说，郭子仪的这一做法同样具有深意，因为当时社会危机四伏，藩镇割据现象严重，单凭号召已经难以聚拢人心，大多数将领拼死沙场完全是为了个人利益，郭子仪举荐贤才，无疑能够激励将领们奋力杀敌，从而在根本上保障军队的战斗力。相反如李光弼，始终以高压政策治军，以至于多次激起兵变，最终还是要由郭子仪出面，凭借他的高度威望来收拾残局。

在具体的军事行动中，郭子仪也能够审时度势，一切从现实角度出发。比如在"安史之乱"后，大唐王朝的国家经济受到严重破坏，财政常年处于赤字状态，无力支付日益加重的军费开支。再加上统治者对统兵大将多有猜忌，国家对于军队的后勤补给很难保障，普通士兵非但拿不到报酬，甚至连基本的吃饭穿衣都有困难，而当朝大员却贪污腐败成风。在这种情况下，将士们不免心生怨恨，在战场上的表现也就可想而知了。因此，郭子仪在率军作战的时候，通常默认将士们的抢掠行为，以此来确保他们在战斗中的勇猛杀敌。不可否认，这样的做法有失名将风范，但是从现实角度出发，这样的做法也无可厚非。

最后，对待盟友以诚相交。少数民族的战士多半都是天生的，他们生活在穷山恶水之间，解决问题基本都是使用暴力手段解决。尤其是居于草原和高原地区的战士，他们常年生活在马背上，随便武装一下就能形成威力强大的骑兵作战力量。而中原士兵多半不善骑兵作战，通常只能凭借坚城固守，因而在战场上总是处于被动挨打的境地。面对这种情况，郭子仪想出了一个非常有效的办法，那就是联合同样善于骑兵作战的吐蕃与回纥军队。由于李唐政权常年与吐蕃及回纥作战，这个办法施行起来具有很大难度，但郭子仪却凭借自己的真诚加之利益驱动，得到了吐蕃与回纥的帮助，从而在镇压叛军的过程中受益颇深。

更为重要的是，吐蕃与回纥是唐王朝的宿敌，在与他们结成联盟之后，基本解除了西北方向的威胁，从而避免了唐军的两线作战。在此过程中，郭子仪还深入研究了边疆少数民族政权的习气，简单来说可以总结为四个字，即"重财尚气"，也就是重财而又豪爽。于是郭子仪给了他们大量财物，同时与其首领欢饮畅谈，结拜为异性兄弟，以至于少数民族都把他当作最真挚的朋友。后来，唐军叛将仆固怀恩有样学样，引来吐蕃与回纥军队助阵，对李唐政权形成极大威胁。而郭子仪出面平定乱局后，居然以单骑劝退回纥军，凭借的正是他在少数民族当中建立起来的威望。

总而言之，就是凭借这些处世哲学，郭子仪才得以在政治黑暗的历史时期立足于朝廷，同时以忠君爱国之心独善其身。唐建中二年(781)，油尽灯枯的郭子仪在长安家中寿终正寝，享年八十五岁。当时的德宗皇帝李适赠其太师封号，谥忠武，陪葬建陵。与此同时，废朝五日，供群臣前往吊唁，并且德宗皇帝还在安福门亲自为郭子仪送葬。尤其值得一提的是，德宗皇帝为了表彰郭子仪的卓越功勋，还将他的坟墓加高了一丈，一代名将郭子仪的人生就此落下帷幕，宋代诗人徐钧有诗赞郭子仪：

身佩安危三十年，谗锋虽中节弥坚。

古今多少功名在，谁得如公五福全。

第四篇
牛增孺——人在江湖

相比于狄仁杰、郭子仪这样的贤相，牛僧孺在历史上的评价毁誉参半。支持他的人认为他有大功于社稷，反对他的人说他与李德裕之间的牛李党争耗尽了唐王朝的最后一丝国运。但任何人都不能否认，牛僧孺是个能臣，也是个忠臣。至于他和李德裕这对冤家之间牵绊数十年的纷争，在我们这些后人看来也不过是"人在江湖，身不由己"这八个字罢了。

第一章
生逢乱世

牛僧孺出生的时候，真可谓遇到了一个乱世，不仅有强大的外族虎视眈眈，而且中央和地方之间也存在不可调和的矛盾。朝官为求自保，纷纷寻求党派庇护，牛僧孺也因此被裹挟进党派斗争之中。最开始的时候，牛僧孺只能听天由命，即便遭遇莫名的打击也只是隐忍不发。但是机缘巧合被推至风口浪尖，牛僧孺也只好勉力为之，担起了一党领袖的责任，而他的人生也就此注定不凡。为了帮助皇帝稳定国家局势，牛僧孺奋不顾身地跳入宦海当中，一番挣扎之后终于找到自己的道路，结果却因为略显消极而遭到非议。

出仕

牛僧孺出生于唐德宗建中元年（780），籍贯有陇西狄道（今甘肃临洮）和安定鹑觚（甘肃灵台）两说，其家是陇右世家大族。现存的史料记载，牛僧孺的远祖本姓寮，在曹魏时期官至尚书，封临泾公，被当时的统治者赐姓为牛。其八世祖牛弘曾在隋朝被拜为仆射，封奇章郡公，赠文安侯。但是由于隋朝的覆灭和唐朝的崛起，牛僧孺的祖上开始家道中落，其祖辈和父辈虽然都混迹官场，但都只是一些微末小官。牛僧孺出生的时候，其父牛幼闻任华州郑县（今陕西华县）尉，牛僧孺幼年便随父客居郑县。

七岁的时候，父亲病故，母亲改嫁到庐陵禾川（今江西吉安），牛僧孺即随母亲与继父一起生活。古人有父母死而居丧的习惯，牛僧孺虽然只有七岁，但是仍然懂得遵守相关礼数，不敢有一丝一毫的越矩。值得一提的是，牛僧孺这样做并没有任何人强迫，而是完全出于他对自己的要求。有史料中伤牛僧孺的母亲不守妇道，后世经史家考订，认为该史料内容是牛僧孺的政敌所著，在此不予采信。十五岁成年之后，牛僧孺回原籍继承祖业，这里有其远祖牛弘留下的数顷良田。史料记载，牛僧孺的祖业在灞水和浐水之间，乃是远近闻名的丰土沃壤。除此之外，牛氏一族还有数千卷藏书可供子孙阅读，这无疑为牛僧孺提供了一个良好的读书环境。

在当时的社会背景下，读书参加科考，成了牛僧孺的必然人生路线。由于数顷良田的供养和数千卷书籍的便利，再加上一颗少年老成的克己复礼之心，牛僧孺每日勤奋学习，打下了坚实的学业基础。史料记载，这个时候的牛僧孺已经因为学业出众而身负盛名，还曾得到韩愈和柳宗元的点拨，并由此进一步得到了革新派宰相韦执谊的赏识。二十六岁时，牛僧孺凭借韦执谊的鼓励，信心满满地走进了考场。考试结束，牛僧孺交出的考卷书法娟秀，卷面整洁，对于时弊的论述也能够切中要害，得到主考官的高度认可，牛僧孺榜上有名。

按照惯例，新科进士需要拜谢座主（即主考官）并参谒宰相，由于正式举办仪式的地方在尚书省都堂，所以后世多俗称为"过堂"。在唐代，学子中了进士之后还要参加吏部的关试，但是随着韦执谊等革新势力的失势，牛僧孺也被当时风起云涌的政治风浪所吞噬。第二年春，牛僧孺参加由皇帝亲自主持的"制举试"，果然名落孙山。如此一来，牛僧孺不仅仕途失意，而且连生活同样陷入困顿，连一日三餐都无法保障了。不过，牛僧孺在这一时期结识了白居易和元稹等大名士，他们在长安城外的华阳观纵谈古今，度过了一段美好的青春时光。后来，白居易还曾据此作了一首《酬寄牛相公〈同宿话旧劝酒〉见赠》，其文如下：

每来政事堂中宿，共忆华阳观里时。

日暮独归愁米尽，泥深同出借驴骑。

交游今日唯残我，富贵当年更有谁。

彼此相看头雪白，一杯可合重推辞。

次年，牛僧孺再应"制举试"，不中。再次年，牛僧孺仍旧参加"制举试"，当时的宪宗皇帝积蓄贤良方正的臣子，因而推崇直言敢谏之风。牛僧孺向来心思沉稳，目光独具，极富痛陈时弊之能，他终于通过了考试。但是，当时的时弊主要针对当权派大臣，所以牛僧孺痛陈时弊的做法基本相当于"太岁头上动土"，因而遭到了以宰相李吉甫为代表的当权派大臣的强力反弹。此时，宪宗皇帝的权力早已日薄西山，无奈之下只好顺从了他们的意愿，贬谪了包括主考官在内的一批革新派大臣，这就是我国历史上著名的"元和制举案"。如此一来，牛僧孺虽然通过了考试，却并没有被朝廷重用，而是出任伊阙尉，兼河南尹幕水陆运判官，成了地方藩镇中的一名文职人员。

需要指出的是，牛僧孺等人针砭时弊所做的评述，不仅针对宰相，还包括宦官、群臣和藩镇等，乃是全面论述当时社会的弊端。但是具体来讲又各有偏重，比如皇甫湜所做论述主要针对宦官，而牛僧孺所做陈述主要针对宰相。牛僧孺之所以会与李吉甫结怨，这里就是最早的开端，或者说这里就是最早政见分歧和利益冲突的开端。后世史家经常把牛僧孺此次遭到排挤的原因混淆，或者一概言之遭到宰相打击，或者一概言之遭到宦官打击，在此特加以说明。当然，宰相和宦官在此虽然成了革新派势力的共同敌人，但是他们之间的矛盾并没有化解，同时也不可能化解，他们之间的斗争始终存在，并一直延续下来。

至于当时整个国家的局势，唐王朝经过"安史之乱"的冲击，繁荣昌盛的局面已经一去不返，中央政权严重被各地藩镇割据。最开始的时候，只有河北四镇与中央政权分庭抗礼，随后便迅速蔓延至全国各地，就连长安也被藩镇将领周智光占据，并且大有"挟天子以令天下"的意味。唐宪宗凭借逐渐积累的经济做后盾，中央政权才收回了一些节度使的实权。但大多数节度使仍然拥兵自重，只是暂时收敛了锋芒，只要时局有变，他们就会出来作乱。但藩镇割据的事实已经形成，唐王朝只好采用"边拉边打"的政策，勉强稳定住局面，同时也不得已承认了各地藩镇的合法地位。

这个时候，宦官专政也开始严重威胁唐王朝的统治，以至于中央政权陷入内忧外患的深重灾难之中。宦官专权始于唐玄宗时期，由于"安史之乱"的祸乱，统治者开始对文臣武将失去信任，转而重用宦官集团。凭借统治者的宠信，宦官集团首先控制了皇家禁军，即左右神策军，进而以监军的形式对全国军队实行不同程度的掌控。紧接着，宦官又染指国家的财政大权，因而终于自成一体，开始反过头来威胁皇权。最终，宦官集团在与朝臣的政争中取得优势地位，宪宗皇帝之所以能够登上皇位，就是因为得到了宦官集团的大力支持。

牛僧孺在这种政治背景下登上政治舞台，并且一脚踏进了革新派大臣的行列，自然受到宦官集团和守旧大臣的排挤，同时也注定了他的仕途不顺。除此之外，唐朝晚期还有一股重要的政治力量左右着时局发展，那就是亲近吐蕃的唐朝政治势力，确切地说是吐蕃在大唐王朝的利益代表。从史料来看，在玄宗时期唐王朝仍然和吐蕃保持着友好关系，到"安史之乱"时期，吐蕃乘虚进占中原，导致双方关系破裂。出于自卫，唐王朝多次对吐蕃实施打击，最终在唐长庆元年（821）双方完成"长庆会盟"，由此结束了长时间的相互对立关系。当时，牛僧孺虽然尚未登上中心政治舞台，但是对于唐朝和吐蕃的关系却一直密切关注，这样的大前提和大背景也为对外政策方面提供了依据。

先抑后扬

牛僧孺在地方为官，虽然政绩并不显赫，但凡事都能够明察秋毫。史料记载，当时的一位书生路过牛僧孺的辖区，碰巧遇上一起强盗杀人抢劫案件。负责督办此事的官员无法缉捕盗匪归案，为了应付差事，他便将书生抓了起来，并且在严刑拷打之下使之认罪。卷宗交到牛僧孺手中审批，立即被他看出了蹊跷，复审之后很快查明内情，不仅还了书生一个公道，同时也惩办了那些不负责任的办案人员。接下来，牛僧孺调动各方力量，最终将聚集在山中为祸一方的盗匪剿灭，为当地百姓创造了安居乐业的环境。

由于牛僧孺表现出色，巡查官员多次向朝廷举荐他，但是由于当朝宰相对他心存芥蒂，始终未能如愿。即便如此，牛僧孺仍然不改自己的耿直作风，时常以奏疏的形式向宪宗皇帝犯颜直谏，被当时的人们称之为"一诚"。不过，牛僧孺的作风虽然没有带给他仕途上的帮助，但是却让他得到了另外一种回报。由于名声在外，京兆少尹辛秘钦佩牛僧孺的为人，相信他在日后必将成就一番大事业，因而将自己的大女儿嫁给了他。当然，对于牛僧孺的耿直还有另外一种说法，就是他在努力经营自己的耿直美名，用以增加自己的知名度。但是不管怎样，这一时期的牛僧孺还是以正人君子面貌示人的，韩愈、柳宗元、白居易和元稹等名士都与之相交，可为佐证。

唐元和九年（814）十月，始终盘踞在牛僧孺头上的政敌李吉甫死了，在同僚的举荐之下，牛僧孺终于得以直言敢谏的美名入朝为官，拜监察御史。此时，牛僧孺三十五岁，正好是古代为官的黄金年龄。不过，恰逢此时，牛僧孺的母亲周氏病故，他只能回到家中丁母忧。三年之后，牛僧孺丁忧期满，得以复任监察御史之职。在此任上，牛僧孺到江南道诸州巡查，主要负责考察民风，曾经办理了黄州录事参军张绍抛弃妻子的案件。在当时，国家对于婚姻制度的规定非常严格，但是在江南诸州却大行弃妻之风，牛僧孺巡查江南道实际上是为了移风易俗。由于办事得力，牛僧孺很快升为殿中侍御史，并于次年再次擢升为礼部员外郎。

礼部是国家重要职能部门，分管国家大典、皇帝祭祀和科举考试等重要事宜，员外郎是继上书和侍郎之后的第三把手。由此可见，牛僧孺虽然品阶不高，但是已经登上了国家的中心政治舞台。在此之后，牛僧孺的仕途升迁登上顺风车，一路出任考功员外郎、集贤殿直学士、库部郎中和知制诰等职。知制诰负责下达各种国家最高级别的诏令，并且是由皇帝直接口授，虽然只是个办事人员，但是该职位已在国家核心权力圈之内。不足一年，牛僧孺便被提拔为御史中丞，由此成为言官之首。

在御史中丞任上，牛僧孺首先明确了当时的法典，尤其对各类案件办理所需时间做出了明确规定，使当时的陈年积案大多得到解决。与此同时，牛僧孺对于法典的推行更是不遗余力，曾有宿州刺史李直臣收受巨款贿赂，按罪当诛。但是李直臣对当时掌权的宦官集团大行贿赂，在他们的帮助下大有开脱之势。牛僧孺作为言官之首，对于宦官集团的不法行为直言不讳，最终说服了当时的穆宗皇帝依法对李直臣进行惩处。不言而喻，宦官集团帮李直臣开脱乃是违法乱纪的行为，牛僧孺据理力争可谓严明法纪，但是宦官集团却狭隘地认为牛僧孺在与他们为敌，因而双方之间的仇怨越积越深。

当然，穆宗皇帝也是宦官专权的受害者，因而对于牛僧孺的做法，他予以最大限度的支持。对于李直臣事件，穆宗皇帝就对牛僧孺大为赞扬，并且给了他颇多封赏。如果从表面来看，皇帝奖励有功之臣，属于再简单不过的事情了，但是如果仔细思考，就不难看出在这件事的背后，充斥着几大政治集团的权力碰撞。宦官专政在宪宗皇帝时期已然成型，这些所谓的"中官"胸无大志，聚敛钱财往往是他们最大的人生追求，而收受贿赂就是最主要的手段之一。因此，宦官收受贿赂在当时极为普遍，而牛僧孺虽然坚持惩办李直臣，实际上却是打击宦官集团的气焰，当然也是在剪除他们的势力。

牛僧孺代表东山再起的革新派大臣，穆宗皇帝代表皇权集团，另一派没有直接露面的守旧派大臣，显然也站在宦官集团的对立面。由此可知，在当时的唐王朝内部，皇权联合大臣打击宦官的运动，已经悄然拉开帷幕。机缘巧合，牛僧孺成了这场政治运动中的先锋人物，他的所作所为也将直接影响当时的局势发展。而作为此时的当权者，宦官集团不可能坐以待毙，一系列的反扑行为都在明里暗里进行着。作为应对，穆宗皇帝不断加强对革新派大臣的扶植，牛僧孺因此被擢升为户部侍郎，成为整个唐朝财政机关的重臣。

按照古代社会的官场惯例，负责财政大权的官员，乃是宰相一职的不二人选，穆宗皇帝显然已经准备让牛僧孺出任宰相了。与此同时，还发生了一件非常重要的事，为牛僧孺最终登上宰相位起到很大作用。一次，河中节度使韩弘入朝觐见，为了最大程度争取作为节度使的权力，他对朝中百官大行贿赂。在当时，这种现象也是极为普遍的，很多朝中官员甚至就是各镇节度使的耳目。但是，当韩弘贿赂到牛僧孺府上之后，被严词拒绝了。应该说，韩弘身为节度使，不一定有叛乱之心，之所以贿赂朝官多半只是处于自保。牛僧孺之所以如此是非分明，实际上是为了表明自己的政治立场。果然，穆宗皇帝得知此事之后，又对牛僧孺进行了一番赞赏，同时也更加倚重他了。

这个时候，还有一人非常有希望出任宰相，他就是前宰相李吉甫的儿子，也是牛僧孺一生中最主要的政敌李德裕。相比之下，当时的宰相李逢吉更欣赏牛僧孺，因而将李德裕排挤到地方去做官，牛僧孺和李德裕之间的矛盾也更加深重了。一方面是穆宗皇帝的宠信，一方面是宰相的引荐，牛僧孺终于在唐长庆三年（823）以户部侍郎同中书门下平章事，由此成为大唐帝国的宰相。

艰难辅政路

长庆四年（824）正月，穆宗皇帝因服药暴毙，敬宗皇帝登基称帝。由于他年仅十六岁，牛僧孺受穆宗皇帝遗诏，以宰相之职辅政。期间，敬宗皇帝轻信道士长生不老之说，想要召见天下道士，由于牛僧孺的劝阻才告作罢。除了忙于政务，牛僧孺还以他在文学和史学方面的造诣，开始监修国史，并因此得授集贤殿大学士。在举荐贤才方面，牛僧孺也有作为，比如白居易就曾因为他的举荐，而出任太子左庶子。但是由于政见不和，牛僧孺和李逢吉之间也出现了很大矛盾，再加上宦官集团的攻击，牛僧孺在朝中的处境日渐艰难。于是，牛僧孺出任宰相不满一年，便以身体抱恙为由，多次上书请求辞去相位，但是敬宗皇帝并未准许。

敬宗皇帝虽然年少，但是对于帝王之术颇有心得，何况穆宗皇帝早已对此时的政治格局做出安排，因此敬宗皇帝非常清楚，满朝之上无非三大政治势力，即宦官集团、守旧派大臣和革新派大臣。这三股势力必须相互制衡，才能换来朝政的基本安宁，如果三者的势力失衡，朝政很可能会变得鸡飞狗跳。牛僧孺作为革新派大臣的代表，如果轻易罢相，必然会让局势迅速恶化。因此，尽管牛僧孺一再请求罢相，敬宗皇帝就是不同意，而且还加封他为金紫光禄大夫，奇章郡公，食邑三千户。这一封赏是明显的政治信号，即敬宗皇帝对牛僧孺是非常倚重的，这就有了牛僧孺公开阻止李逢吉打击杜元颖事件。

杜元颖也是当时的宰相，由于政见多与李逢吉不和，遭到诸多排挤。最终，杜元颖在政争中落败，被贬到地方做官。一次，李逢吉和牛僧孺在政事堂闲谈，李逢吉对于杜元颖被贬之事心怀愧疚，说了一些自责的话，实际上是为了赢得牛僧孺的好感。但是牛僧孺丝毫不买他的账，毫不避讳地指出杜元颖被贬就是他在背后搞鬼，弄得李逢吉很是下不来台，此后也不敢继续打击杜元颖了。后世史学家就此论断，李逢吉和牛僧孺是一党的说法有欠考量，在此予以采信。要知道，穆宗皇帝病危的时候，李逢吉和牛僧孺都曾建议储君的人选，但是二人的意见并不相同。

李逢吉拉拢牛僧孺不成，转而对他实施打击，由于牛僧孺羽翼未丰，只能继续上书求退。敬宗皇帝为了表示恩宠，在鄂州（今湖北鄂州）建立武昌军，让牛僧孺以礼部尚书和宰相的头衔出任节度使，兼鄂州刺史等职，在当时被称为"使相"。史家评价牛僧孺的"使相"一职，乃是"佩相印而专节钺，文武二柄付于全才"，可见敬宗皇帝对他的倚重程度。接下来，牛僧孺得以在鄂州施展拳脚，其中最主要的一项政绩就是建造城墙。当时，鄂州城墙主要是草木结构，虽然建造比较简单，但是每天都要修葺一次，而负担最重的无疑是老百姓。牛僧孺到任之后，改用砖石铸造城墙，虽然一时的负担较重，但是建成之后再也没有打扰过百姓，同时大举加固了城防工事，属于一劳永逸的做法。

按照惯例，各地军队虽然有节度使坐镇，但朝廷还是会派一位宦官做监军，乃是朝廷对各地节度使赤裸裸的不信任。因为立场和利益的问题，各地节度使和监军的关系非常让朝廷头疼，他们要么同流合污，一起欺骗和蒙蔽朝廷。要么激烈对峙，以至于监军被驱赶甚至被杀害的现象屡见不鲜，朝廷对于这种情况也是敢怒不敢言，只能再派监军赴任，但多半只能充当耳目。牛僧孺作为节度使，基本上保持了不卑不亢的态度，他既不谄媚，也不失礼，只是做好在分内的工作，以至于连宦官都钦佩不已。在此期间，牛僧孺还收拢了李珏、韩侑和柳仲郢等大批人才，这些人后来都成为唐王朝的重要大臣。

除此之外，牛僧孺在鄂州刺史任上做了如下几件事：一，裁撤所辖沔州（今湖北汉阳）并入鄂州，不仅加强了政府的办事效率，也减轻了百姓的负担；二，撰写《玄怪录》，牛僧孺不仅是我国历史上著名的政治家，同时也是著名的文学家，传奇小说《玄怪录》就是其代表作，另一部传奇小说《齐饶州》也在此期间完成；三，结交辖区内的名流人士，包括道士毛仙翁和才女薛涛，尤其与白居易交好。与此同时，敬宗皇帝对他的器重也在加重，于大唐和元年（827）任命他为吏部尚书。即便牛僧孺在鄂州刺史任上受尽恩宠，地方到底还是地方，在他的内心深处还是时刻想着回朝为官。

文宗皇帝继位后，启用李宗闵为相，在他的举荐之下，牛僧孺得以再次回朝为相。但是很快，牛僧孺就被卷入一场政治斗争中，事情的起因是一本实录。在此之前，著名大学士韩愈曾修《顺宗实录》，其中内容对于宦官专权毫不避讳，因而引起宦官集团的不满。在他们的运作之下，文宗皇帝只好同意修改《顺宗实录》，但是用不用韩愈的子嗣作为修书官员成为争论焦点。原因很简单，韩愈的子嗣必定会延续他的意愿，继续将宦官们的丑事铭记于册，如果用其他人修书，则可以抹去宦官们的丑事。这场争论在当时闹得沸沸扬扬，最终却以李宗闵和牛僧孺支持宦官而告终，由此可以看出当时的宦官集团势力之大。

一波未平一波又起，李宗闵虽然惹不起宦官集团，却极善打击异己。牛僧孺既然被他援引为相，被迫与之统一立场，从而掀起了一场声势浩大的党派斗争。而他们的主要政敌，就是一直与牛僧孺纠缠不清的李德裕，当然还包括他的同党。在李宗闵的主持下，凡是和李德裕交好的大臣纷纷遭到贬谪，李德裕本人也被贬为地方官。应该说，李宗闵和牛僧孺的此次联手，虽然在局势上占尽了便宜，但是却从此拉开了党派斗争的大幕。在此之后，群臣为求自保纷纷寻求党派庇护，相互之间的倾轧日趋激烈，最终导致朝政荒废，大唐王朝内忧外患的困境可谓雪上加霜。

姑且养之

话分两头，正当唐王朝的皇帝被朝政搞得焦头烂额时，藩镇割据的问题再次出现恶化。事件爆发在唐朝最重要的藩镇之一卢龙镇，在当时也被称为幽州镇，最早于安史之乱时期设置。第一任节度使李怀仙原本是安禄山的部下，叛军大势已去后，他虽然率众投降唐朝，但实际上割据一方自立，卢龙镇由此落入地方藩镇之手。宪宗皇帝时期，刘济被众将士拥立为卢龙节度使，旋即得到朝廷任命。后宪宗皇帝命诸镇节度使讨伐成德节度使王承宗，刘济召集诸镇节度使后决定应诏出兵，并且建有奇功，得到宪宗皇帝封赏。节度使一职传至其子刘总手上，朝廷终于收回了当地实权，可惜当时的宰相崔植不谙兵事，派出经验不足的人出任卢龙节度使，以至于激起兵变，朱克融趁乱窃取实权，幽州再次被割据。

朱克融为人狂妄，不断向朝廷索取封赏，当时的穆宗皇帝又只知一味妥协，最终促使朱克融兴兵作乱。不过，朝廷对朱克融固然无力约束，其势力发展却侵犯了其他节度使的利益，并因此招致大败。此后，朱克融及其长子被部下所杀，其次子朱延龄被推举为卢龙节度使。不料朱延龄更加狂妄，且生性残暴，最终被部将李载义发动兵变夺权，并且诛杀了他的全家老小。李载义与中央政权交好，因而很快得到卢龙节度使的任命，同时被封为武威郡王。此后，朝廷征伐各地节度使，李载义坚定地站在朝廷一边，并且因功得到了宰相的头衔。在此之后，李载义还曾大败契丹军，并俘获其首领送到长安，因而被加封为太保。

如果按照中央的趋势发展下去，朝廷大有和平收回卢龙节度使权力的可能。可惜事与愿违，由于藩镇内部已经形成了武力夺权的惯例，李载义的部将杨志诚又开始觊觎他的节度使职位。一次，李载义正在和朝廷派来的使者饮宴，杨志诚忽然纠集自己的亲信将士发难。李载义始料未及，带着他的儿子逃到了易州（今河北易县），在义武节度使的庇佑之下才得以保全性命。消息传到朝廷，当朝的文宗皇帝大为惊骇，急忙命人去请诸位宰相商议。时牛僧孺居所离皇宫最近，因而第一个赶到，文宗皇帝随即询问他有何对策。

牛僧孺对文宗皇帝说："这件事没有什么大不了的，臣赶路急了些，请陛下允许臣稍为喘息一下。"牛僧孺不急，文宗皇帝却不可能不急，因而接连问他的对策。牛僧孺因而才继续对文宗皇帝说："陛下为何如此看重幽州呢？难道您不知道，自'安史之乱'后这里就不再为朝廷所有了？以前刘总宣称要和朝廷交好，虽然答应归还土地，却要求朝廷给他八十万贯钱。朝廷按照约定支付了款项，刘总却没有归还一丝一毫的土地，丝毫不将朝廷放在眼中。如今，杨志诚取代了李载义，实际上和此前李载义取代刘总没什么区别，我们只要像安抚李载义一样安抚杨志诚，一定能够维持之前的局面。"

后人评价牛僧孺此说，大多认为他纵容了杨志诚之辈，最终使得部将杀死主将夺权的行为被朝廷默许，进而让这一行为在当时蔚然成风。客观来讲，牛僧孺此举虽然有失名相风范，但是从事实角度来讲，却对当时的唐王朝有百利而无一害。首先，幽州将士向来强悍，李载义尚无法稳住局面，再派他人恐怕仍然会遭杨志诚之辈毒手；其次，就算朝廷成功收回幽州土地，接下来无疑要直接面对契丹的兵锋，财政方面的压力会陡然增大，甚至有可能被契丹兵突破而丧失中原土地。相比之下，不如让藩镇自成一体，使其成为中央政权和契丹之间的天然屏障；最后，可能也是牛僧孺看得最深远的一点，那就是朝廷对于藩镇部将杀害主将夺权行为的纵容，可以有效削弱藩镇的势力，这对于朝廷来说无疑也是有利的。

不管怎么说，文宗皇帝最终还是采纳了牛僧孺的建议，在杨志诚的使者入朝请封后，承认了他的卢龙留后职位，并且很快将他任命为卢龙军节度使。接下来，由于杨志诚基本奉行了和李载义同样的与朝廷交往的策略，他也陆续得到了工部尚书和吏部尚书等职位。不过，杨志诚此人却比李载义狂妄，他对于朝廷的封官拒不接纳，后来朝廷把给他的封官提高为仆射，才终于使之满意。然而，杨志诚的好日子也没过多久，他的部下史元忠便有样学样，将他从卢龙节度使的职位上拉了下来，并且驱离了幽州。

杨志诚被驱离幽州后，如丧家之犬般无处安身，只能前往京城寻求朝廷庇护。当他路过太原的时候，被时任河东节度使的李载义截获，由于杨志诚挖了李载义家族的坟墓，新仇旧恨加在一起，李载义直接就想结果了杨志诚的性命，幸而朝廷命令及时传到，不许李载义为难杨志诚，同时派出侍卫保护。但是李载义对杨志诚恨极，他接到朝廷命令后，虽然遵旨没有为难杨志诚，却在盛怒之下杀死了他的全家。与此同时，李载义还向朝廷上书，要求处死杨志诚，当然并没有得到同意。不过，杨志诚曾经在卢龙节度使上做过皇帝梦，并且还做了两套龙袍。杨志诚抵达京城之后，这两件龙袍也被史元忠派人送了过来，杨志诚因而获罪，并随即被流放岭南，未到流放地而客死商州（今陕西商洛）。

　　应该说，牛僧孺姑息养奸的做法虽然略显消极，却是当时最好的政治选择。面对藩镇割据的严峻局面，唐王朝最明智的选择不是兴兵讨伐，而是全面加强自身的实力建设，同时坐视甚至挑唆藩镇之间相互攻伐。如果按照牛僧孺的策略长期推行下去，藩镇势力的相互征伐及其内部势力的相互倾轧，迟早使之不堪一击。即便唐王朝想要使用武力手段扫平各地藩镇势力，也应该先易后难，收复南方诸镇的节度使实权后，再依靠南方地区强大的经济后盾，一举荡平相对强悍的北方诸镇。何况，除了各地藩镇之外，唐王朝还有北边的契丹、西边的吐蕃和西北的回纥等外族强敌需要对付。这个时候，大唐政权就像一个病入膏肓的人，不用药不行，用药太猛也不行，只能找准病灶徐徐用药，如此才可能起死回生。

第二章
独善其身

牛僧孺进入仕途，本身就带着一丝无奈，政敌的纠缠不清已经让他焦头烂额，偏偏外族又来火上浇油。牛僧孺根据自己的既定设想向皇帝建言，被皇帝采纳之后，却遭到政敌的大肆反击，并因此遭到贬谪。幸而牛僧孺在地方任上积极谋事，为辖区内的百姓创造了很多福祉，同时也让他的名誉得到赞美。应该说，作为一位在政争中落败的地方官员，牛僧孺做到了他所该做到的一切，同时也赢得了他能赢得的诸多美誉。可惜，政敌的困扰仍旧如影随形，他也只好为了自己的将来多做打算。

皇帝的密谋

就在杨志诚事件逐步平息的同时，另外一件大事又在唐王朝内酝酿成型，而这件大事的谋划者正是文宗皇帝。应该说，文宗皇帝之所以能够登上皇位，可谓经历了极度凶险的过程。当时，由于宦官集团的势力急速膨胀，其内部也出现了分裂和矛盾。比如宦官刘克明权倾一时，曾经弑杀敬宗皇帝而立其子李悟为帝，企图长期窃取国家政权。但是紧随其后，宦官王守澄又纠集一批失势的宦官，指挥神策军杀死了刘克明和李悟，随之推举李昂为帝，是为唐文宗。在此之后，国家权力进一步向宦官集团倾斜，连基本的官员任命权都被宦官集团把持，文宗皇帝几乎成了傀儡。

由此可以想象，文宗皇帝虽然被宦官推上皇位，但是对于宦官却一点好感都没有。相反，他认为是宦官杀害主将的祖父（即宪宗皇帝）和皇兄（即敬宗皇帝），再加上他想要夺回大唐王朝的国家权力，因而一心想要铲除宦官势力。前面已经说过，敬宗皇帝一直不同意，目的就是为了用牛僧孺及其背后的革新派势力牵制守旧派势力，文宗皇帝基本继承了敬宗皇帝的这一做法。不过，文官集团虽然不再威胁皇权，却也无法被文宗皇帝倚重，他想要铲除宦官集团，必须重新培植自己的亲信势力。

第一个被文宗皇帝寄予厚望的是宋申锡，此人忠诚而谨慎，实属帮助文宗皇帝铲除宦官的不二人选。经过一路提拔，宋申锡成功进入宰相之列，同时也在文宗皇帝的授命和帮助下建立了自己的势力。由于宋申锡廉洁奉公，名声很好，他的拜相可谓众望所归，这也让文宗皇帝看到了一丝希望。时机逐渐成熟后，文宗皇帝便开始和宋申锡密谋行事，可惜他们的保密工作没有到位，宋申锡的属下王璠不慎泄密，以至于王守澄有所警觉。作为应对，王守澄暗中指使神策军将领豆卢著诬告宋申锡谋反，并且擅自派出神策军去宋申锡家灭门，幸而被文宗皇帝及时制止。

事实上，王守澄也知道宋申锡的背后有文宗皇帝撑腰，而且文宗皇帝也知道王守澄一定很清楚他和宋申锡之间的关系。因此，文宗皇帝虽然一时保住了宋申锡，但是王守澄绝不会善罢甘休，因而一时没了主意，只有急忙向牛僧孺寻求计策。牛僧孺始终密切关注着时局发展，得到文宗皇帝的旨意后，他立即进宫面圣，当然他也给文宗皇帝带去了一条妙计，那就是把宋申锡谋反的事情尽量公开化，越多的人参与进来越好。很快，当时的四位宰相宋申锡、路随、李宗闵和牛僧孺全部到齐，但宋申锡作为当事人被拦在了大殿之外。接下来，案件的审查就进入了法律程序，由于牛僧孺的力保，宋申锡最终免于一死，只是贬到了开州（今重庆）做司马。史料记载，宋申锡被贬时家徒四壁，有百姓感念他的恩德送钱送物，才使其有能力赶往被贬地开州。

随着宋申锡的失势被贬，文宗皇帝最大的希望随之破灭，他也由此陷入了极度的沮丧之中。而王守澄既然扳倒了宋申锡，对于他来说最大的政敌已经消失，同时依附他的大臣也日渐增多，其势力之大足以遮天蔽日。几乎绝望之际，文宗皇帝忽然眼前一亮，既然危机时刻可以求助于牛僧孺，为什么不能在平时求助于他呢？虽然牛僧孺忙于和守旧势力缠斗，其势力也不足以和宦官集团为敌，但是为自己出谋划策还是可以的。于是，文宗皇帝秘密问计于牛僧孺，而牛僧孺只是告诉了他一个人的名字——郑注。

郑注是绛州翼城（今山西翼城）人，其人阴险狡诈，善于逢迎，又长于医术。当然，如果能够为文宗皇帝所用，也可以称为足智多谋，机变灵活。最初，郑注只是一个到处招摇撞骗的江湖游医，由于医术还算高明，得到了襄阳（今湖北襄阳）节度使李诉的任用。后在李诉的举荐之下，郑注又得以结识王守澄，并且拜在了他的门下做幕僚。文宗皇帝对郑注进行一番秘密调查之后，随即明白了牛僧孺的用意，因为郑注不仅胆子大，而且野心更大，且能力也很强。当然，由于郑注此时拜在王守澄门下做幕僚，而文宗皇帝要对付的正是王守澄，所以只能谨慎行事，用计试探郑注的内心想法。

很快，文宗皇帝忽然得了一种怪病，虽然看上去像是常见的中风，但是不仅宫中的御医看了个遍，就连很多江湖游医都纷纷来看，可无论如何都看不好。眼看时机差不多了，文宗皇帝暗中命人找到王守澄，建议他让郑注去给文宗皇帝看病。此时的王守澄正在兴头上，丝毫没有把这件事当回事，闻言便让郑注进宫去给文宗皇帝看病了。毫无悬念，郑注一番诊治之后，文宗皇帝的病奇迹般地痊愈了，因而文宗皇帝给了他大量封赏，这件事让郑注本人一时间都没有反应过来。等他回到家中，结合当前的政治局势一想，立即恍然大悟，文宗皇帝这是在拉拢自己。

郑注到底是个聪明人，他虽然明白了文宗皇帝的意图，却在很长一段时间内不动声色。就在文宗皇帝以为他没有明白自己的心意，甚至担心他明白之后向王守澄告密时，郑注趁着文宗皇帝出宫游猎的机会忽然秘密求见。文宗皇帝喜出望外，一番寒暄之后，立即问他有什么计策对付王守澄。郑注也确实是有备而来，他建议文宗皇帝提拔和王守澄有矛盾的宦官仇士良，从而分化宦官集团的内部势力。由于郑注运作得力，再加上王守澄目空一切，神策军的指挥权成功转移到仇士良手中，王守澄被文宗皇帝赐死，郑注因功被封为凤翔节度使。

按照郑注的计划，他们会趁着宦官首领一同为王守澄送葬的时候，忽然发难将他们一网打尽，其中包括仇士良。但是文宗皇帝对于郑注的为人同样心知肚明，如果完全按照他的计划行事，最终恐怕会让国家大权落入其手，到时候自己所面临的局面很可能还不如王守澄专权的时候好。于是，文宗皇帝与心腹大臣李训密谋，趁着郑注去凤翔搬兵的空当，提前剿灭宦官集团，然后驱逐郑注。一日，忽然有大臣向文宗皇帝奏报，左金吾大殿前的石榴树上降下甘露，认为这是天降祥瑞的迹象。文宗皇帝随即派李训去查看，他回来后禀报却含糊其辞，总之没弄清到底是不是甘露。

于是，文宗皇帝又命仇士良等宦官去查看，并且由禁卫军将领韩约引领。韩约是李训的死党，本来李训已经在左金吾大殿中埋下伏兵，只待他将仇士良等人引至大殿前，就可以冲出来一举将其斩杀。可惜韩约此人难堪大用，他担心大事不成，反遭身死，一路神色慌张，脸色都变白了。仇士良有所警觉，远远地看着左金吾大殿却止步不前，这个时候忽然吹来一阵风，大殿内的帷帐被吹开，露出全副武装的甲士。仇士良掉头就跑，李训上前去揪他的衣服，被其随从掀翻在地，甲士冲出来已然追赶不及。李训知道大事不成，便仓皇逃出京城，仇士良随即发兵搜捕，最终在终南山将其捕杀。郑注得知此事的时候，正在带兵来京的路上，见状只好撤兵退回凤翔，很快被监军宦官张仲清杀死，这就是我国历史上著名的甘露之变。

贬谪

甘露之变后，文宗皇帝的权力更加衰落，宰相的权力也降低到了极点，幸而有牛僧孺等一众大臣的极力运作，才没有让仇士良等宦官做出废立之事。不过，这个时候的牛僧孺也是自顾不暇，以李德裕为首的政治集团已经与之公开决裂，牛李党争由此进入白热化。为求自保，牛僧孺也只好不断网罗自己的势力，并很快被推到了时代的风口浪尖。这里简单介绍一下牛李两党的背景，牛党以牛僧孺为首，基本都是科举出身的寒门子弟；李党以李德裕为首，基本都是世族出身的富家子弟；他们之间的矛盾首先表现在取士制度上，牛僧孺认为国家应该以科举取士，这样有利于整个社会的精英向朝廷集中；李德裕则认为应该以门荫取士，因为世家子弟出身官宦家庭，从小耳濡目染，自然而然就懂得如何做官，二人分别代表了各自的集团利益。

此外，在对待各地藩镇的策略上，牛李二人也存在着分歧。牛僧孺主张徐徐图之，稳扎稳打地削弱藩镇势力，等到时机成熟再一举剿灭；李德裕则认为徐徐图之只会养虎为患，不如调集军队直接弹压各地藩镇，用最简单和最有效的方法一举解决问题。随着双方利益冲突的加深，政见不同还逐渐恶化为个人恩怨，比如最早牛僧孺在科举考试中被李德裕的父亲李吉甫排挤出朝廷，牛僧孺初次拜相时又坐视李逢吉将李德裕排挤出朝廷，都不断加深了二人之间的仇怨。在这种情况下，无论牛李二人谁当政，都会利用手中权力大肆打击对方，同时又会有越来越多的人裹挟其中，以至于最终酿成党争之祸。

唐大和五年（831）九月，吐蕃将领悉怛谋与吐蕃中央政权失和，遂率领其麾下将士放弃所镇守的维州（即四川理县），逃到成都请降。时任西川节度使的李德裕安置了悉怛谋所部，同时果断派兵占据了维州城，然后便上书朝廷请求定夺。这件事在当时绝对称得上天大的喜讯，李德裕也以胜者姿态准备向朝廷请功邀赏，甚至想象着因功回到朝廷为官。他在奏疏中说，凭借维州城的重要战略意义，唐军完全可以直入吐蕃腹地，即便不能依据剿灭之，也可以对其实施沉重打击，从而使唐军一雪前耻。李德裕的主张得到很多人的赞同，可惜党派斗争的弊端在此显露无遗，那就是斗争双方都无视国家最高利益，而是想尽办法打击和抑制对方，借以维系自身的利益。李德裕的批文上交到朝廷，文宗皇帝召见群臣商议对策，牛僧孺也在被召见之列。

看过李德裕的奏疏之后，牛僧孺立即表示反对，他对文宗皇帝说："唐朝和吐蕃有盟约在先，如果擅自接纳对方的叛将，无疑将是毁约的行为。与此同时，吐蕃方面也可能会接纳唐朝方面的叛将，从长远来讲显然是弊大于利的。何况，吐蕃疆土何止万里，一座小小的维州城纵然战略意义重大，也不足以威胁整个吐蕃。如果因为一座小小的维州城激怒吐蕃，凭借他们的良马精兵，三五日就可以推进到咸阳；相反，如果我们能够以诚信对待吐蕃，日后即便他们生出侵占大唐的心思，也会因为我们的诚信而打消。"文宗皇帝最终被牛僧孺说动，拒绝了悉怛谋献城投降的请求，李德裕的军功也就因此化为泡影了。尽管无奈，李德裕还是将维州城和悉怛谋所部交给吐蕃中央政权处理，以至于悉怛谋所部尽数被诛。

消息传来，文宗皇帝心有不忍，对于牛僧孺的主张也有所芥蒂了。这个时候，与李德裕交好的宦官监军王践言回京任枢密使，屡次对文宗皇帝提到牛僧孺对于维州事件的处理有所失当。文宗皇帝觉得他所言在理，因而越来越觉得自己在这件事上做错了，对于牛僧孺也越来越疏远了。后来，文宗皇帝再次密谋铲除宦官势力，直接寻求牛僧孺的帮助，结果遭到牛僧孺委婉拒绝。事实上，此时的牛僧孺已经心生退志，并且接连数次上书文宗皇帝。表面来看，牛僧孺辞相的原因是年老体衰，真正的原因是他已经陷入进退维谷的困境。要知道，牛僧孺对付李德裕一党尚且艰难，如果发起对宦官集团的攻击，将无异于自取灭亡。另一方面，如果继续在宰相位上无所事事地耗下去，又必然会得罪文宗皇帝。相比之下，还不如像李德裕那样，到地方上去做一点实事，这才是牛僧孺辞相的真正原因。

随着李德裕势力在朝廷的日渐抬头，贬谪牛僧孺的呼声越来越高，再加上牛僧孺本人多次上书辞相，文宗皇帝只好顺水推舟，同意了他的辞相请求。于是，牛僧孺再次被罢相，改为淮南节度使，出镇地方。关于牛僧孺的此次罢相，后世史家还有一种说法，认为牛僧孺担心自己成为众矢之的，因而选择急流勇退，明哲保身。应该说，文宗皇帝是铁了心想要铲除宦官势力的，但是前有宋申锡，后有郑注和李训，一个个被文宗皇帝倚重的大臣都可谓下场凄惨。牛僧孺在这种情况下选择辞相，虽然有消极应对的嫌疑，但也是无奈的明智之举。而接下来他又请为淮南节度使，说明他并没有完全放弃自己的使命，只是一时隐忍蛰伏罢了。

让人扼腕叹息的是，牛李两党的斗争，实际上背后都有宦官集团的影子。具体来说，由于宦官集团过于庞大，其内部势力发生分裂，牛李两党为求政争胜利，不得不分别寻求不同派别的宦官支持。比如牛僧孺曾经在王守澄的帮助下战胜李德裕，李德裕也曾经在杨钦义的帮助下打败牛僧孺。从另外角度来看，无论是牛党还是李党，只要想在朝廷生存，都必须依靠强大的宦官集团，有时候甚至不惜出卖自己的政治利益和原则。不得不说，这是唐朝士大夫阶级莫大的悲哀，同时也可以看出宦官集团在当时的权势之大。后世史家曾经做出评论，宦官专权在东汉、唐朝和明朝都曾出现，但是唐朝的宦官专权显现最为深重。

最后，关于牛李两党的领袖，史学界还有另外一种说法。牛李党争虽然以牛僧孺的姓氏冠之，但史料当中关于牛李党争的记载却少有牛僧孺的身影，所以牛僧孺很可能是另外一位牛党大佬李宗闵的"幌子"。要知道，早在穆宗时期，牛僧孺就曾被李逢吉举荐为相，后世史家对此已经做出论断，认为李逢吉此举是为了利用牛僧孺正直廉洁的美誉增加自己的政治资本。由此进行推断，李宗闵举荐牛僧孺为相，也极有可能出于这样的目的，而牛僧孺又只好尽量见机行事。如果这一说法成立，牛僧孺的领袖地位就是名义上的，其个人意志也根本代表不了以其姓氏冠名的政治集团。

地方任上

抵达淮南节度使任上后,牛僧孺发现了一个非常有意思的现象,这也让他的人生境界有了新一层次的提高。具体来说,在朝廷为官的时候,仔细想来没有什么具体的事情需要做,大部分时间和精力都用来钩心斗角了;而到了地方为官之后,具体需要做的事情每天应接不暇,但还是能够得到大把的空闲时间,只因没了那些钩心斗角的事情。为此,牛僧孺在淮南节度使任上所做最多的事情,就是潜心撰写自己的文学著作,其代表作之一的传奇作品《党氏女》就是在这一时期完成的。

让牛僧孺感到落寞的是,著名女诗人薛涛在这一时期过世,作为她的好友,牛僧孺怀着悲痛撰文追悼。在我国历史上,总有一些人因为某些方面的成就颇高,而让人忽略了他在另外一些方面的成就。比如东晋著名书法家王羲之,世人以"书圣"称之,多知道他的书法空前绝后,却少有人知道他也是一位出色的政治家;而对于牛僧孺来说,却因为他在政治方面的功绩,而世人多知道他是一位政治家,不知道他在书法和文学方面的造诣同样首屈一指。白居易、刘禹锡、元稹和薛涛都是当时最出色的文学家,牛僧孺能够与他们相交甚好,尤其是与白居易建立了毕生的友谊,足以说明他的文学造诣之高。

当然，对于古代的读书人来说，书法和文学到底只是雕虫小技，如何在政治上建立功勋才是他们毕生需要努力的方向。因此，牛僧孺虽然以书法和文学寄托情怀，但是对于官场上的事宜还是丝毫不敢松懈。一方面，他极力向朝廷举荐人才，间接增强自己的政治资本；另一方面，他大为网罗天下英才，直接充实自己的势力，著名诗人杜牧就在这一时期投身牛僧孺麾下做幕僚。除此之外，牛僧孺还注意结交朝中权贵，每次回京必向朝中大臣送礼。一次，太子宾客李绅经过扬州（淮南军治所），本来受太子之意不事声张，但是牛僧孺还是热情款待了他，并且在此之后只要李绅途经扬州，牛僧孺都会热情款待他，这也让牛僧孺最终和太子搭上了关系。

就在牛僧孺于地方节度使任上怡然自得的时候，他的主要政敌李德裕已经入朝为官，先为兵部尚书，后拜为宰相。李德裕出身世族大家，根本不曾把宦官放在眼里，并将其斥之为"李姓家奴"。但是随着宦官集团的势力膨胀，李德裕也不得不面对现实，转而与宦官势力结交，并最终在宦官集团的帮助下，得以入朝为相。本来，重新得势的李德裕准备对牛僧孺展开打击，但是牛僧孺早有所料，因而提前取得一支宦官势力的庇护，以至于李德裕攻击牛僧孺的奏疏都未能交到文宗皇帝手中。如此一来，李德裕也知道自己一时无法扳倒牛僧孺，遂放弃了继续打击牛僧孺的念头。

收到相关消息后，身在扬州的牛僧孺也终于放下心，继续每天高朋满座的日子，并于《党氏女》之后完成另一力作《崔绍》。这个时候，杜牧的才华和能力逐渐显现出来，牛僧孺也将他作为着力培养的对象。由于少不更事，杜牧逐渐变得恃才自傲，不仅经常出口伤人，而且总是大醉而回。为了让杜牧成长为国之栋梁，牛僧孺一面对他进行教导，一面派人暗中跟随保护，前后达数年之久。后来，牛僧孺举荐杜牧入京做监察御史，得到朝廷同意。牛僧孺在饯行宴会上见杜牧仍然目空一切，遂拿出一沓书信，乃是暗中保护他的人给牛僧孺报平安的信笺。杜牧见此，大为感动，性情也因而有所转变，后来果然得到朝廷重用。

与此同时，身在京城的李德裕也没有闲着，他眼见无法使用行政手段打击牛僧孺，转而发起舆论攻势。具体来说，李德裕收买文人撰写了一部《牛羊日历》，专门用来给牛僧孺一党"泼脏水"。事实证明，李德裕此举非常有效，在信息传递方式落后的当时社会，文学作品具有极强的流通性。再加上著者把牛僧孺一生的丑事都挖了出来，其中甚至是一些无中生有之事，牛僧孺的恶名由此广为流传。后世有对牛僧孺发起恶评者，大多采信书中所言，但这本书不过是党派之间相互攻击的一种手段，其中内容的可信度也就不言而喻了。值得关注的是牛僧孺的态度，不知是消息闭塞以至于长久无法流至扬州，还是牛僧孺根本就不想做出舆论回击，李德裕在这场舆论战中唱起了独角戏。

然而，所谓"天作孽犹可恕，自作孽不可活"。李德裕使用舆论武器打击牛僧孺而作《牛羊日历》，只是想顺便警告一下杨虞卿，因而才有了《牛羊日历》中的"羊"（取"养"谐音），却不料杨虞卿也拥有了宦官背景。李德裕只想着对付牛僧孺，对于杨虞卿防备有限，因而当杨虞卿发起反击之后，李德裕居然马失前蹄，一下子落于下风。再加上牛僧孺一党同时发力，上书李德裕暗中勾结藩镇图谋不轨，李德裕最终被贬为袁州（今江西宜春）长史。不过，杨虞卿毕竟根基较浅，李德裕虽然被贬到地方，最终还是调动党羽势力，将杨虞卿也贬谪到了地方为官。

事实上，李德裕作为当时社会最资深的政治家之一，心中深知杨虞卿不过只是个小角色，牛僧孺才是他真正要对付的敌人。于是，在李德裕的深挖之下，终于发现了牛僧孺的一丝劣迹。史料记载，牛僧孺家中供养着一位倾国倾城的歌女，此女不仅容貌秀丽，而且极为能歌善舞，深得牛僧孺的喜爱。据说，无论牛僧孺身在何处，都会让这名歌女随行伺候，多为时人所诟病。不过，在女权相对低下的古代社会，像牛僧孺这样的高官豢养一位美女也是无伤大雅的，最多也就是在个人生活方面授人以话柄，问题是这名歌女的来历存在问题。原来，此女乃是一位家道中落的世家子弟之妻，世家子弟将他献给牛僧孺而得到了官位，这就说明牛僧孺有卖官鬻爵的嫌疑了。

可惜的是，李德裕费尽心机挖出的这一事端，并没有对牛僧孺构成威胁。原因是那位世家子弟为官后功绩显赫，其势力之大早已不容小觑，而且具有深厚的军方背景。李德裕已经在杨虞卿身上吃过一次亏，不想再次节外生枝，因而最终并没有据此事向牛僧孺发难。总而言之，牛李二人的党派之争贯穿了整个唐朝晚期，并且在文宗皇帝一朝达到高峰。虽然他们的政争不是唐朝灭亡的根本原因，但无疑也是唐朝灭亡的加速剂。应该说，如果牛僧孺和李德裕能够同心同德，一心辅佐文宗皇帝治理国家，大唐王朝还有可能起死回生。但是由于他们始终处于敌对状态，并且因此埋没并损伤了大量贤才，包括牛僧孺和李德裕本人，大唐王朝的最后一丝希望也就渐渐泯灭了。

所作所为

在淮南节度使任上，牛僧孺没有放松政治斗争，但是对于辖区内的治理同样卓有成效。经过"安史之乱"的冲击，以及藩镇豪强的掠夺，淮南地区的经济遭到严重破坏，长期以来一直处于民生凋敝的困境当中。牛僧孺到任淮南节度使任上之后，不仅帮助辖区内的百姓修建各类基本农业设施，同时严禁士兵侵扰百姓的日常生活和生产。对于一些过于贫困的地区，牛僧孺还推行了不同程度的减免税收政策，同时鼓励他们开垦荒田，并且借给他们种子，以及教授他们农耕技术。如此一来，短短数年之间，淮南地区的大片荒野变为鱼米之乡，不仅满足了当地百姓的生活需要，还为国家贡献了大量的税收。

正所谓"仓廪实而知礼节"，人们只有在吃饱了肚子之后，才顾得上讲究体面和礼数。淮南地区之所以长期荒蛮不化，盗匪丛生，民风凶残，最根本的原因不是当地没有文化，而是由于生活困顿而导致人们无暇关注文化。牛僧孺既然帮助当地百姓解决了温饱问题，接下来推行文化教育和改革，也就变得顺风顺水了。盗匪们眼见日子好过了，也不愿继续担惊受怕下去，纷纷回到家中拿起锄头过上了正常的生活，整个淮南地区一时间可谓政通人和。当然，对于那些匪性不改的顽固之徒，牛僧孺不仅制定了严格的律法，而且调动军队予以坚决打击，直到将辖区内的盗匪被全部剿除。与此同时，牛僧孺还对所辖军队进行了大刀阔斧的改革，终究塑造出了一支精锐之师。

史料记载："扬州当江淮之冲，习偷薄之礼。公（指牛僧孺）清净简易，化人移风，俾及五年，臻于至理。仓廪实，礼仪行，行措政成。"据此可知，牛僧孺一生虽然助长了晚唐的党争之祸，但是其基本的政治功底还是非常扎实的。他之所以在朝堂之上屡次辞相，请求皇帝到地方为官，除了对于时事和政事的无奈，也是想为百姓多做一点实事。应该说，从牛僧孺的本心来讲，是想为天下苍生有所贡献的，只可惜当时的唐王朝积弊难返，政治大环境迫使他没有机会这样做。在此，我们不妨大胆地假设一下，如果牛僧孺生在太宗皇帝时期，以他的才干和抱负，能够创造的政绩不一定就比"房杜"和"姚宋"逊色。

对于一位有旷世之才的政治家来说，治理一方其实不必付出太多心力，牛僧孺就用自己的经历再现了这一说法。前面已经说过，牛僧孺除了是一位卓越的政治家，同时也是一位优秀的文学家。但是在淮南节度使任上，政事和文学也无法占用他的全部时间和精力，牛僧孺也就在这一时期增加了新的爱好，即奇石嘉木。淮南所在的范围，包括今天安徽省的大部分地区，而安徽黄山的奇松怪石早可谓天下闻名。因此，牛僧孺在淮南节度使任上的六年时间，收集了很多奇石嘉木，这也让他打发了大把无聊时光。当然，作为一代艺术大家，牛僧孺此举在当时还掀起了一阵奇石嘉木热，后世有爱好此道者，也都不同程度地受到了牛僧孺的影响。

这一时期，杜牧的弟弟杜顗辞官来到扬州，居住在龙兴寺。牛僧孺知道杜顗也是一代奇才，因而亲自前往龙兴寺探望，并且想要把他辟为幕僚。不过很可惜，杜顗此人比他的哥哥杜牧还要高傲，因而开门见山地谢绝了牛僧孺。事实上，杜顗并非对牛僧孺不敬，而是因为他此前一直受到李德裕器重和提拔，属于李党中人。换句话说，如果他答应牛僧孺的辟用，就等同于放弃了自己的政治盟友，甚至放弃自己的政见，这对于有操守的政治家来说是不可想象的。而牛僧孺自然也清楚这一点，他之所以会往见杜顗并希望辟用，说白了不过是想利用杜牧的关系，拉拢杜顗来增强自己的政治势力，同时打击李党。需要说明的是，杜牧入朝为官之后，也曾遇到李德裕的拉拢，同样没有得到他的同意，因而杜氏兄弟在当时都被人们视为豪杰。

此时，被贬在外的李德裕已经几经仕途波折。由于一心想要回到朝廷为官，他在地方任上总是坐不住，可惜几次迁官都是在各地方之间调换。他首先从袁州任上调为滁州刺史，由于运作得当，获取了太子宾客分司的头衔，并由此得以充任浙西观察使。与此同时，牛僧孺的仕途也发生了一些变化，先是朝廷屡次降书，希望他能够入朝为官。但是牛僧孺知道朝中的政争斗争仍然如故，而他也仍旧无力改变这种局面，因而一直没有同意。最终，在朝廷的一再要求下，牛僧孺选择了一个折中方案，同意出任东都留守，帮助朝廷经营洛阳。前面已经说过，洛阳也是唐王朝的重要都城，"安史之乱"时叛军从东面来，长安是大后方。而吐蕃和突厥来犯时，洛阳又可以成为大后方，而此时唐王朝的主要威胁正来自吐蕃，牛僧孺此举也算是当时最好的选择了。

不过，让牛僧孺感到意外的是，接任他担任淮南节度使的人，居然是时任浙西观察使的李德裕。牛僧孺不想与他正面交锋，因而在接到朝廷诏令后都没有来得及告别当地亲朋，匆匆办理好交接手续后，便急忙赶往京城了。可惜事与愿违，李德裕出任淮南节度使之后，所做的第一件事就是清查牛僧孺任期内的所有账目，寻机大做文章。在此需要说明的是，由于官员交接始终存在矛盾，自古这就是一件十分微妙的事情。简单来说，离任的官员总是能带走的东西都带走，或者作为政绩去向朝廷邀功，或者到下一任官位上方便行事；而接任的官员自然是能留下的东西都要留下，目的也是为了方便行事。

　　长期以来，或者离任的官员带走的多了一点，或者接任的官员留下的多了一点，但大多保持在大家都可以接受的范围内。牛僧孺和李德裕之间的交接，正是因为这一灰色地带的存在，让李德裕终于抓住了牛僧孺的"小尾巴"。经过查实，李德裕找到了很多人证物证，确实能够说明牛僧孺带走的东西多了点。朝廷接到他的奏疏之后，也按例派出相关人员到扬州来调查，这些来调查的官员自然明白李德裕的心思，因而在拿到他的好处之后还大包大揽地表示一定将牛僧孺治罪。可惜，这件事最终还是不了了之了，因为从朝廷屡次想要召回牛僧孺的举动可以看出，文宗皇帝想要再次起用牛僧孺，根本不会因为一点小事而治他的罪。牛僧孺也正是因为看清了这一点，才在离任的时候带走了不少东西，也算是对李德裕咄咄逼人的一种回应。

　　这一年的夏天，牛僧孺回到洛阳家中，同时出任东都留守一职。凭借在扬州搜集的奇石嘉木，牛僧孺大肆兴修自己的府邸，一时间竹木通幽，楼榭成群，好不幽美。在办理公事之余，牛僧孺时常召集当时的名士在家中聚会，时常一片"谈笑有鸿儒"的气象，白居易和刘禹锡都是他的座上常客。需要说明的是，牛僧孺虽然把府邸修建得十分华丽，但是却用尽了毕生的积蓄，这和他尤其喜爱奇石嘉木有关，并不是奢华无度的表现。白居易曾做《太湖石记》，其中内容曰："公（指牛僧孺）以司徒保河洛，治家无珍产，奉身无长物，惟东城置一第，南郭营一墅。"在此可作为明证。

第三章
正道沧桑

最初的斗争为了抱负，其后的斗争为了利益，接下来的斗争是为了荣誉，而最后的斗争却根本不知道为了什么。牛僧孺的一生虽然深陷于政治斗争当中，但他向来都是见招拆招，化解对方的攻击于无形。而他的政敌李德裕则向来咄咄逼人，总是先人一步出招制敌，二人就这样一来一回地较量着。如果牛僧孺是李德裕，他们之间的斗争可能一战就已经分出胜负；如果李德裕是牛僧孺，他们之间的斗争很可能会延续到身后之人，但牛僧孺就是牛僧孺，李德裕就是李德裕，因而他们才用自己的人生谱写了一台完整的大戏。

风波

就在牛僧孺准备定居洛阳颐养天年的时候，京城长安忽然出现一本名为《周秦行纪》的传奇，内容当中多有反叛之言，其署名正是牛僧孺。此时虽然有明显的栽赃嫁祸痕迹，但是文宗皇帝却不得不做出回应，他派遣御史台彻查此事，最终发现《周秦行纪》乃是韦瓘托名牛僧孺而作。至于这个韦瓘，乃是李德裕的门人，包括此前的《牛羊日历》，都是出自他的手。当时，李德裕在淮南节度使任上，韦瓘对牛僧孺发起舆论攻击，虽然是他的拿手好戏，但也是无心之为，并未想过对牛僧孺形成实质性打击。不过，这件事却给牛僧孺提了醒，经过"《周秦行纪》案"之后，他开始闭门谢客，并且竭力表现出与世无争的姿态。

白居易的作品中曾经对牛僧孺这段时间的生活有所记载，说他每天除了办理公事，大部分时间都在自己的院落中观赏奇石嘉木。应该说，牛僧孺对于党争是极为厌恶的，他之所以一再拒绝出仕，这显然是最重要的原因。在洛阳宴请宾客，他也完全是出于消磨时光，即便出于政治目的有所行动，也大多出于自保。当"《周秦行纪》案"发生后，牛僧孺只能进一步收敛自己的锋芒，连宴请宾客的次数和数量都要严格控制了。正是在这种情况下，牛僧孺才每天对着满园的奇石嘉木暗自惆怅，由此也不难看出，这个时候的牛僧孺已经无心争强好胜，只想安安稳稳地度过余下人生。

然而，一心图强的文宗皇帝已经没人可以信任，每天围在他身边的人，不是有能力而没有忠心，就是有忠心而没有能力。在这种情况下，虽然牛僧孺一再搪塞，文宗皇帝还是执意让他出山。牛僧孺见文宗皇帝如此，也只好勉强入朝为官，旋即被拜为左仆射，也就是第一宰相。可惜的是，此时的文宗皇帝都没有什么实权，他所封的宰相有多大权力，也就可想而知了。因此，牛僧孺根本不被这个名义宰相的头衔所动，到达长安之后，他虽然接受了左仆射的任命，但是在入宫谢过文宗皇帝后，便不再入朝了。文宗皇帝派人到牛僧孺住处去请，得到的回复是牛僧孺足疾很严重，已经无法自主行动了，因此才闭门不出。

事实上，文宗皇帝心中很清楚，牛僧孺之所以不来上朝，是因为他已经无心政事，确切地说是无力改变眼下的政治局面。当时，宦官专政已经到了无以复加的地步，他们甚至可以按照自己的意愿废立皇帝。而牛李两党却仍然斗得死去活来，宦官集团也乐得坐山观虎斗，分别支持两派明争暗斗。牛僧孺虽然名义上是牛党的领袖，但是他对于牛党的制约能力却十分有限，真正的牛党大佬乃是一心想要斗垮李党的李宗闵。牛僧孺不想趟这浑水，牛李两党还可以保持均衡态势，基本上只是一些小打小闹。一旦牛僧孺加入战团，最终会引发什么样的动荡难以预料，而这显然是宦官集团想要看到的局面。就算牛李两党冰释前嫌，联手对付宦官集团，也无异于蚍蜉撼树，何况牛李两党积怨太深，这种局面的出现基本没有可能。

不过，接下来发生的一件事，却容不得牛僧孺继续逃避事实。当时，文宗皇帝虽然已经前有群臣党争之忧，后有宦官专政之愁，但上天还是为他降下了新一重的灾祸，即后宫嫔妃失和。具体来说，太子的生母王德妃失宠，得宠的杨贤妃想要巩固自己的地位，因而在逼死了王德妃之后，开始打太子的主意。而太子又属实不争气，每天四处游荡嬉戏，身边也因此聚集了一群小人。在这种情况下，文宗皇帝终于抵不住杨贤妃的枕边风，召集群臣商议废掉太子。众所周知，太子乃是重要的国本之一，身后隐藏着无数政治势力，如果废掉他必定引发时局动荡。因此，牛僧孺立即应召入宫，坚决反对废掉太子，最终如愿。但是杨贤妃取得了宦官集团的支持，太子最终还是未能免于一死，文宗皇帝痛心疾首，牛僧孺也只能从旁安慰。

虽然失去了太子，文宗皇帝却得以让牛僧孺出山，因而想让他出任御史大夫。这一官职虽然品阶低于左仆射，但实权却高于左仆射，也算是明降暗升了。本来，牛僧孺出于安慰文宗皇帝考量，已经答应出任这一职务，但是没想到半路杀出个程咬金，宰相郑覃是李党的领袖之一，对此坚决予以反对，文宗皇帝只好作罢。不过，这个时候的文宗皇帝经过一番明暗运作，已经把另外一位心腹大臣李石扶持为宰相，因而尽管牛僧孺未能被他推上御史大夫的位置，李石还是让他感到安慰。不过，李石也知道自己无力回天，在宦官仇士良的发难之下，主动请求出任荆南节度使去了，文宗皇帝只好再次把希望寄托到牛僧孺身上。

恰逢这个时候，湖北忽然发生百年一遇的水灾，急需一位有威望和有能力的重臣前去赈济灾民，牛僧孺便主动请命。文宗皇帝希望他留在自己身边，因而并不愿答应，但是禁不住牛僧孺一再请求，终于还是答应了他。为示恩宠，文宗皇帝任命他为检校司空、兼同平章事、向州刺史、山南东道节度使，同时加食邑三千户，赏赐金银器物数不胜数。即便如此，在牛僧孺即将赴任之时，文宗皇帝还是突然改变了注意，想要收回成命，把牛僧孺留下来。牛僧孺坚定地予以回绝，文宗皇帝才不得已放他出朝，同时又赏赐了他许多更高规格的器物。

在襄州刺史任上，牛僧孺同样注意网罗贤才，先后辟用刘蕡、韩昶（韩愈之子）、卢公则和卢简求为幕僚。当然，牛僧孺此行既然是为了赈灾，自然也要在这方面做足文章。为了帮助灾民度过最艰难的时期，牛僧孺一不向朝廷要粮，二不向周边未受灾的地区借粮，而是开发了当地可以食用的大批作物。比如最主要的山竹，在灾情最严重的六月刚好成熟，牛僧孺派兵保护山竹产区，按照计划向灾民供应粮食，成功度过了最艰难的阶段。不过，但凡天灾出现总会伴随人祸，除了一些囤积大批粮食的地主，还有不法商人从其他地区运来粮食，都对灾区人民高价出售。对此，牛僧孺用优惠政策从地主和商人手中换来了大批粮食，发放下去之后自然也让灾情大为缓解。

当然，作为一代政治家，牛僧孺在襄州刺史任上的目标不仅限于抚平灾情，对于当地的灾后治理同样政绩显著。史料记载，牛僧孺在襄州"均税赋，抑豪强，颇有政绩"。需要说明的是，牛僧孺在襄州所推行的改革，无疑会侵犯大地主和大商人的利益。但是据史料记载，这些人对于牛僧孺的改革无比心悦诚服，不但没有阻挠，还帮着他贯彻落实。这就不得不说到牛僧孺的政治艺术，他一不用钱，二不用强，而是利用手中仅有的"政策"做筹码，可谓真正做到了以德服人。比如对大地主，牛僧孺允许他们在丰年少缴纳税赋，或者允许他们多缴税而免除徭役、差役和兵役等；而对于大商人，牛僧孺则向他们暂时开放一些政府专营的商品，其中主要包括食盐，这些措施在当时都具有非常先进和重要的历史意义。

再沉浮

唐开成五年（840），文宗皇帝驾崩，皇弟李炎被仇士良和鱼弘志等宦官推上皇位，是为唐武宗。武宗皇帝身形伟岸，性情豪爽，很有英主之风。不论是对待朝臣，还是对待藩镇，或者对待外族，武宗皇帝都敢于摆出强势姿态。这与一向作风硬朗的李德裕不谋而合，因此在武宗皇帝继位之后，对于李德裕的器重日益加深，李党也因此势力大涨。令人欣慰的是，武宗皇帝不仅勇武，并且不乏谋略。他虽然倚重李德裕，却也知道不能让他一支独大，必须对其予以牵制，而牵制他的最佳人选无疑正是牛僧孺。因此，就在李德裕拜相不久之后，牛僧孺被武宗皇帝强令调回朝廷，同时任命他为太子少保，随后又升为太子太保。

对于这一人事安排，足以看出武宗皇帝的睿智。简单来说，武宗皇帝想要重用李德裕，就必须给他实权，但是为了防止他坐大，又必须予以牵制。在选定牛僧孺之后，武宗皇帝一方面要保障他对李德裕形成牵制，一方面又要避免让李德裕掣肘。因此，最好的办法就是让牛僧孺居于朝廷，但只是挂有虚职。如果事情仅仅如此，只能说明武宗皇帝不过尔尔，因为同样的人事安排文宗皇帝也曾做过，可惜根本无法阻止牛李党争的持续恶化。至于武宗皇帝的人事安排，关键一点在于他让牛僧孺担任的"太子太师"一职。简单来说，这虽然是一个虚职，却是太子的老师，是负责教导太子学习的，当然也会让牛僧孺和太子组成政治联盟。

由此可见，如果李德裕继续打击牛僧孺，那么将无异于打击太子。而不管李德裕在武宗皇帝一朝权势多大，只要得罪了太子，注定会在太子继位后身败名裂。与此同时，牛僧孺虽然手中握有太子这张"大牌"，一时之间却根本打不出来，只能潜心教导太子。这样一来，就形成了李德裕只能用心国事，而牛僧孺也只能用心教导太子的局面，因为他们二人都对彼此生出了忌惮，以他们为代表的党争也由此大幅降温。所以说，武宗皇帝的这一人事安排，不仅让李德裕的能力发挥最大效力，同时也对他可能存在的野心形成牵制，并且尽量避免了他们之间的政争。

在此之后，牛僧孺和李德裕果然和谐了很多，至少他们在表面上不再对立了。唐会昌二年（842）四月，牛僧孺和李德裕极为罕见地做出同一举动，他们上书武宗皇帝，要求将其尊为"仁圣文武至神大孝皇帝"。武宗皇帝自然颇感欣慰，再加上是给自己封尊号，很快就批复同意了二人的请求，这件事在当时可谓表明重要的政治风向。史料记载，由于政治环境大为澄清，当时在各地为官的正直大臣纷纷上书请求归朝，都想要为国为民多做贡献。百姓遇到大赦，同时也见到一项项有利于生活的政策推行下来，更是喜出望外，整个大唐王朝呈现出一片中兴气象。

内政既然调和，武宗皇帝就想要对外图强，恰逢这个时候，西域回鹘突然兴兵来犯。武宗皇帝得报，立即召集李德裕和牛僧孺等人商议对策。李德裕主张以攻为守，派出大军直捣回鹘老巢，一举将其消灭之。牛僧孺则主张以守为攻，凭借险要地势抵御回鹘，等到回鹘后勤不济之后，再伺机出兵追击，则回鹘不复为患。牛李两党随即展开激烈争辩，最终武宗皇帝一语定乾坤，采用了李德裕的主张。牛僧孺的主张虽然没有被采纳，但是据史料记载，当时的他还是非常欣喜，因为周围饱经风霜的老臣终于看到了自己神往的一幕，即无论大臣们如何激辩，在皇帝一声令下之后，大家都表现得唯命是从，就连宦官们都不敢多议，这在文宗皇帝一朝是无法想象的。

接下来，在李德裕的一力运作下，大将张仲武率领大军征讨回鹘。牛僧孺也乐见其成，因而大力约束党徒不予掣肘，并且竭尽所能相助。张仲武是百战老将，所辖更是常胜之师，再加上李德裕在后方鼎力支持，一战而将回鹘打得大败。史料记载，张仲武在此役中斩杀和俘获回鹘将士达九万人，缴获武器、马匹和辎重无数，回鹘首脑乌介可汗仓皇逃走。由于回鹘此次来犯还裹挟了契丹和奚族军队，张仲武凭借大胜余威，挥师向契丹和奚族进军，很快又将这两大政权击溃。与此同时，幸而逃脱的乌介可汗收拾残部，又闯入云州（今四川简阳）作乱。云州刺史张献节急忙向朝廷求援，文宗皇帝急命最近的军队前去解围，等到张仲武大军赶到后，回鹘再次大败，后来乌介可汗也在被部下杀死，回鹘之乱遂平。

外祸既平，内乱又起。李德裕在平定回鹘之乱中居功甚伟，武宗皇帝自然对他更加宠信，李德裕因此重提"维州事件"，牛僧孺因此重为东都留守，但太子太傅的职位却保留着。本来，李德裕知道武宗皇帝有意保护牛僧孺，因而对牛僧孺的攻击也打算适可而止。但是就在这个时候，昭义节度使刘悟病故，其子刘从谏自行接过节度使权力，此举自然招致武宗皇帝的不满。李德裕抓住时机，上书称刘从谏和牛僧孺交厚，不宜让他继续担任东京留守一职。牛僧孺确实和刘从谏交厚，因而无以为辩，只能俯首听命。由于事关重大，武宗皇帝也无法继续保护他，所以只保留了他的太子少保职务，先贬为汀州（今福建汀州），后又贬为循州（今广东循州），牛党失势。

虽然仕途跌落谷底，但牛僧孺已经看透了人世沧桑，因而在循州长史任上始终能够怡然自得。史料记载，牛僧孺得到这一山高水远的微末小官，就好像得到了朝廷的高官厚禄一样高兴。要知道，当年的广东还是一片荒蛮，不仅人迹罕至，物资匮乏，而且需要穿过重山密林，其中又有无数可致人死命的毒虫猛兽。而此时的牛僧孺，已经是一位六十六岁的白发老人，仅仅路途之艰辛就已经让他吃不消了。牛僧孺这一走就是一年零十个月。因此，白居易、刘禹锡和元稹等人纷纷寄来书信问候，等到他们终于收到牛僧孺满是乐观的回信，才终于稍稍地放下了心。

唐武宗

牛僧孺虽然被排挤出了朝廷，但是以武宗皇帝的睿智，自然不会让李德裕坐强坐大，因而培植了大批李党以外的亲信势力，同时重用仍旧留在朝廷中的牛党官员。而随着李党在朝廷上的一家独大，李德裕的精力也终于转移到了国家社稷之上，这就为"会昌中兴"的出现创造了条件。李德裕所做的第一件事，就是联合道士赵归真，说服武宗皇帝打击佛教。武宗皇帝崇信道教，加之当时的佛教活动过于泛滥，已经严重影响到了国家经济和百姓生活，武宗皇帝遂同意了他们的建议。于是，从唐会昌二年（842）开始，大批佛寺先后拆除，大量僧尼还俗，大片土地回到国家和百姓手中。

史料记载，武宗皇帝发起的此次"会昌法难"事件，共在全国范围内拆除寺庙四千六百余座，拆除民间私自建造的寺院更是多达四万余座。与此同时，还俗的僧尼数量达到二十六万人，这还不包括服侍他们的十五万名奴婢。由于这些僧尼已经聚敛了大批财富，从他们身上查出的金、银、铜和玉器等贵重物品不计其数，由此也可以看出这些不法僧尼的生活之奢靡。紧随其后，朝廷又收回了大片寺院用地，总数达到数千万顷。除此之外，武宗皇帝对当时的祆教、摩尼教、景教等，也采取了相同的限制措施，从而让当时的国家经济有了明显改观。更为重要的是，国家的财政收入增加了，武宗皇帝的心里也有底了，这就让他敢于放开手脚进展其他事情。

前面已经说过，唐朝晚期最严重的政治问题就是宦官专政，武宗皇帝通过打击宗教势力，建立相对坚实的经济基础，因而敢于将矛头一转，对准了宦官集团。李德裕作为当时的第一宰相，自然心领神会，主动担起了铲除宦官的急先锋重任。宦官头子仇士良早有所料，因而决定先发制人，用心炮制了一则罪状加在李德裕身上，想要借此将其扳倒。可惜他毕竟太天真了，李德裕的所作所为都是在武宗皇帝的授意下进行，如果说他的做法有问题，那么无异于说武宗皇帝的做法有问题。果然，针对仇士良加在李德裕身上的罪状，武宗皇帝挺身而出，表示所有事情都出于他的安排，并命令受宦官集团控制的神策军不要闹事。

武宗皇帝此举在当时可谓雷霆万钧之力，不仅宦官集团没有料到，就连李德裕也感到非常震惊。要知道，武宗皇帝虽然有了一点家底，但是如果在这个时候和宦官集团公开翻脸，也可谓是一招不折不扣的险棋。因为官宦集团一旦绝地反击，拉下脸来和武宗皇帝摊牌，最终鹿死谁手犹未可知。然而，武宗皇帝舍我其谁的气势到底镇住了仇士良，没过多久他便以身体有恙为由，请求辞去神策军的指挥权。仇士良此举，意在以退为进，即一旦武宗皇帝同意他的请求，仇士良就会制造各种麻烦。如此一来，让武宗皇帝无法收场，最后还得让他回来收拾乱局。但是武宗皇帝早已做好准备，他不仅在神策军中安插了大量亲信，而且在宦官集团内部也得到了策应，因而对仇士良的发难来了个顺水推舟，一举将他赶下了台。

仇士良从来没有想过自己会倒台，更没有想到会倒得这么快，因而整天郁郁寡欢，没过多久便病死于家中。武宗皇帝随即搜寻仇士良罪证，并且命人去他家中查证，而这个时候李德裕早已命人在仇士良家中藏了一批兵器。众所周知，古代社会对于兵器的管理是非常严格的，只要藏有铁器，就相当于今天私藏枪支。而仇士良在家中"私藏"的武器达到数千件，再加上他豢养了大批死士，显然"意在"谋反。因此，得到回禀的武宗皇帝立即下令，剥夺仇士良生前的所有官爵，其财产也全部充公。由于仇士良在净身之前已经娶妻生子，因而他的家眷也遭到流放，以仇士良为首的宦官势力从此被铲除。

为了整肃官员队伍，本着乱世用重刑的法治原则，武宗皇帝还制定了严刑峻法，尤其对贪污腐化行为打击力度最大。当时，唐朝官员的俸禄并不高，再加上一些高级官员的盘剥，很多官员依靠俸禄养家糊口甚至都成问题。在这种情况下，官员们想出一些旁门左道去捞黑钱是必然的，武宗皇帝为此增加了各级官员的俸禄标准。后来，李德裕又在这项政策上加了两条，其一是精简官僚队伍，其二是派专人到边远地区发放俸禄，这就使得武宗皇帝时期的官僚队伍大为廉洁化，同时也加强了他们的办事效率。还有一个问题是学子入京考试，因为他们大多没有经济来源，一些寒门子弟只能借高利贷度日。武宗皇帝为此专门设立了政府借贷机构，确保利率在合理合法的范围内，从而成功避免了考生在上任之后因为巨额欠款而贪污受贿，在当时得到众多学子的一致拥护。

接下来是加强相权，我国关于相权的历史可谓源远流长，但是总体来看有这样一条不变的规律，即但凡出现繁荣盛世，当时的宰相的权力和作用必然很大。武宗皇帝遵循这一历史规律，采用了李德裕的建议，对相权做出了新的规定。具体来说，就是加强了宰相的实权，以便让宰相能够统一节制百官，从而确保整个官僚团队的高效运作。前面说过，自"甘露之变"后，满朝文武已经沦为宦官集团的附庸，即使牛李两党之间的政争，都需要寻求宦官的支持。武宗皇帝铲除仇士良势力后，虽然宦官集团遭受极大削弱，但是其残余势力仍然不时出来作祟，直到相权真正得到确立之后，宦官集团的消极影响才开始真正减弱。

继加强相权之后，武宗皇帝又开始加强官员的录用和审核制度。古代社会，官员的来源主要有两种途径，一种是科举考试，一种是世族举荐，即所谓的恩荫制度。自隋唐之后，科举考试就成了最主要的官员来源，包括世族子弟也需要经过这条通道才能做官。但是在唐朝晚期，世族举荐又称为主要的官员来源，以至于大量官位都被世族阶级垄断。宦官专权之后，更是大肆卖官鬻爵，导致科举考试的通道大为阻塞，寒门子弟基本失去了做官的途径。与此同时，官员的审核与提拔也大为腐化，很多人花钱买官，然后大肆搜刮民财，接着再买更大的官，这种恶性循环的现象在当时比比皆是，幸而武宗皇帝及时予以终结。

再者就是晚唐中央政府的心腹之患，即藩镇割据。会昌元年，卢龙军发生内乱，节度使史元忠被部下陈行泰杀死，上书朝廷请求正式任命。武宗皇帝采纳李德裕的政策，故意将此事无限期拖延，果然导致卢龙军再度发生内乱，陈行泰又被部将张绛所杀，武宗皇帝对于此事仍然不闻不问。在此之后，卢龙军经过数次内乱，终于实力大减，武宗皇帝遂命大将张仲武率兵前去平乱，一战而收复卢龙军镇。紧随其后，又有数座军镇发生内乱，武宗皇帝一如既往地使用强硬手段，这些军镇的实权也都收归中央所有。如此一来，各镇节度使纷纷内敛锋芒，对于朝廷的命令也不敢置若罔闻，武宗皇帝由此完成了形式上的国家统一。后来，回鹘大军兴兵来犯，武宗皇帝正是凭借这样的政治和军事局面，才成功捍卫了唐王朝的主权和尊严。

一般认为，牛僧孺在整个"会昌中兴"的过程中没有做出行动，但是从历史和全局角度来讲，没有做出行动其实已经是一种最大的支持。要知道，牛僧孺虽然被贬到地方，但是凭借牛党在朝野的影响力，如果想要对李德裕的政策进行抵制甚至破坏，"会昌中兴"的局面也不会如此顺利和迅速地出现。牛僧孺能够在这个时候保持沉默不语，同时约束自己的党徒保持克制，甚至让党徒们帮主李德裕推行各项政策，真是非常可贵了。当然，"会昌中兴"的出现和武宗皇帝的英明脱不开干系，牛李两党长期相安无事，尤其是牛僧孺保持了莫大的隐忍，武宗皇帝的人事安排作用不可小觑。

光辉末路

　　唐会昌六年（846），武宗皇帝驾崩，皇叔李忱继承帝位，是为唐宣宗。当时，由于在武宗皇帝一朝居功甚伟，李德裕的权势遮天蔽日，很有专权的嫌疑。宣宗皇帝对此感到非常不满，再加上李德裕一贯主张严刑峻法，为人更是苛刻至极，因而宣宗皇帝在即位当天就罢免了李德裕的宰相之职，并将其贬为荆南节度使。事实上，李德裕已经当权很久，在朝廷上下的势力更是盘根错节，对于整个国家的建设和发展也建有功勋，在当时具有很高的名望。因此，当宣宗皇帝以迅雷不及掩耳之势将其逐出朝廷，很多人都为之感到意外。当然，也有一个人早就预料到了这样的结果，他就是远在循州的牛僧孺，而且他还预料到了自己的仕途之春即将来临。

　　原因很简单，牛僧孺虽然被贬到边远的循州为官，但是有一个人却得以留在京城，且得到了宣宗皇帝的极度宠信，这个人就是白居易。前面已经多次提到，白居易和牛僧孺是极为交好的朋友，虽然后人为了给白居易"漂白"，极力划清他和牛僧孺之间的关系。但是从具体史料来看，白居易确实属于牛党一派，否则他绝不会与身为牛党领袖的牛僧孺来往如此密切。另一方面，白居易在当时是少有的大名士，之所以在武宗皇帝一朝没有得到重用，关键原因就在于以李德裕为首的李党得势，因而对白居易形成排挤。牛僧孺既然知道自己无法在武宗皇帝一朝得宠，只能退而求其次，把功夫用在下一任皇帝身上，这才有了白居易和宣宗皇帝的修好。

史料记载，宣宗皇帝继位之后，第一个想到的宰相人选就是白居易。这个时候，白居易虽然已经不幸离世，但是他的弟弟白敏中健在，宣宗皇帝很快对他委以重任，牛党的势力也由此开始迅猛增长。不出牛僧孺预料，在这一年的八月份，他作为牛党的领袖，便顺理成章地从循州刺史任上调为衡州（今湖南衡阳）长史。与此同时，牛党的另一位重要领袖李宗闵也奉召内迁，可惜他刚刚接到调令之后就因病去世了。次年三四月间，牛僧孺经过长途跋涉到任衡州长史，临近官员和路过官员都来向他祝贺，这也意味着他的仕途之路将进一步好转，牛僧孺因此心情大好。果然，牛僧孺在衡州长史的位置上还没有坐稳，又奉命前往汝州（即河南汝州）担任长史，这里距离唐朝的都城长安更近了。

与此同时，白敏中也趁势掀起了打击李德裕的风潮，在宣宗皇帝的支持下，李德裕接连遭到贬谪。到这一年结束的时候，李德裕已经被贬为潮州（今广东潮州）司马，而且不在日后大赦范围之内，基本上再也无望回到中原了。在赶赴潮州的路上，李德裕要路过牛僧孺管辖的汝州，这双斗了半个多世纪的冤家对头，注定要在这里见上一面。俗话说"出水才看两脚泥"，牛僧孺虽然在李德裕得势期间被贬循州，但他无疑是最终的胜利者。然而，此时的牛僧孺却丝毫没有胜利者的

249

姿态，他不仅命人置办了丰盛的宴席，而且在李德裕抵达汝州之后亲自出迎，态度极为恭敬。

由此不得不感叹，时间确实是一位全能的大师，它不仅让风华绝代的两位年轻人满头白发，也抚平他们之间的公仇私恨。宴席之上，牛僧孺和李德裕把酒言欢，对于前尘往事居然只字未提。史料记载，牛僧孺正直，李德裕亦廉洁，牛僧孺见李德裕贫苦，只得变卖家私为他筹措盘缠，当时后世之人对此多有称赞。北宋著名大词人苏辙曾对牛僧孺和李德裕做出评价，认为他们二人"皆为当世之伟人也。盖僧孺以德量高，而德裕以才气胜。德与才不同，虽古人鲜能兼之者。"诚然，政治斗争贯穿了牛僧孺和李德裕的一生，但是这其中有多少出自本愿，又伴随着多少无奈，恐怕连他们自己也说不清、道不明。

这一年夏天，牛僧孺再次高升，成为大唐王朝的太子少保，同时分司东都，没过多久又升为太子少师。回到阔别数年的家中，牛僧孺可谓感慨万千，但更多的却是岁月沧桑过后沉淀下来的那份恬淡。这个时候，牛僧孺已经病体沉重，深知自己来日无多。然而，据史料记载，此时的牛僧孺却颇多豁达乐观心态，他每日畅游园林，交朋会友，日子过得很是逍遥自在。半年之后，牛僧孺病入膏肓，移居城南别墅，已经无法下床走动。满朝文武大臣轮流前往探望，仍旧强打精神，每日笑脸迎客。

唐大中二年（848）十月二十七日，一生颇多争议的牛僧孺卒于城南别墅家中，享年六十九岁。宣宗皇帝闻讯，颇为沉痛，废朝两日，供文武大臣前往吊唁，同时追封牛僧孺为太尉。次年五月十九日，牛僧孺灵柩安葬于长安少陵，供天下人祭拜。时任司勋员外郎兼史馆修撰的杜牧为其撰写《墓志铭》，时任河阳节度使的李珏为其撰写《神道碑铭》，时任右散骑常侍的柳公权为其篆额正书，时任京兆府参军的李商隐为其撰写《奠文》。同年底，被贬到崖州（今海南三亚）的司户参军李德裕卒于任上，转年归葬于洛阳，为祸晚唐四十余载的牛李党争就此降下帷幕。

总体来讲，牛李党争始于宪宗皇帝时期。其中，穆宗皇帝、敬宗皇帝时期，牛党得势；文宗皇帝时期，牛李两党势均力敌，斗争形势此起彼伏，颇为激烈，有时甚至牛李两党的代表人物同朝为相；武宗皇帝时期，李党终于得势，牛党受到全面打压；但是仅仅到了宣宗皇帝时期，牛党便再次得势，而宣宗皇帝之后则再无党争。应该说，牛李党争的本质是两派各为自己的利益而倾轧，自汉朝以来的儒家传统思想被双方官员抛诸脑后，取而代之的则是谁更能打击对方，同时更能增强自身实力，后来甚至连最基本的是非观念都被两党无视。简单来说，唐朝自牛李党争之后，知识分子的文化素养不再转变为政治素养，而是转变为损人利己的阴谋诡计，由此对国家社稷形成了很强的破坏力，进而激化了当时社会的各种矛盾，加速了唐王朝走向灭亡的步伐。

第四章
生前身后名

牛僧孺作为一位颇具争议的人物，素来被后世学者热衷研究，他的处世哲学，从政艺术和对外思想等，也渐渐浮出水面。这些特质在被人们津津乐道的同时，也为后人提供了诸多思考的依据，更让很多人得到了学习和成长的机会。当然，由于牛僧孺的从政生涯几乎经历了整个晚唐时期的党争，牛僧孺的名字一直以来都与党争联系在一起，并且通常和李德裕的"李"合称为"牛李"。不过，牛僧孺作为一代名相，自然有其独立的人格和信仰，这才是他在晚唐历史中大放异彩的原因所在。

思想与主张

一般认为，牛僧孺是一个坚定的儒家信徒，他本人也时常以儒家自居，史料更是记载他"不喜释老（即释迦牟尼和老子，在此代指佛教和道教），唯宗儒教"。在此基础上，牛僧孺也受到了当时的革新派思潮影响，因而在他的政治主张中还有改革图新的成分。牛僧孺认为，命运是应该掌握在自己手中的，因而无论是天子治国，还是人臣为政，都应该积极面对，全力以赴，不应该消极懈怠，犹豫观望。唯有如此，国家才能长治久安，天子和大臣才能各行其道。简单来说，牛僧孺相信人定胜天，只要肯努力为之，并且顺应基本的规律，即使是国家命运和历史趋势同样可以改变。

细细究来，牛僧孺的思想基本继承了荀子"制天命而用之"的理论，属于唯物天道观的哲学范畴。不过，牛僧孺并没有将"人道"和"天道"纯粹地对立起来，而是将二者有机地结合为一个整体。他指出，"天道"具有一定的发展规律，人一旦弄清并利用这种规律，就能够无往而不利。因此，牛僧孺虽然提出了人定胜天，但是又说明人必须遵循万事万物的发展规律，也就是所谓的"人道"。当时的著名学者柳宗元非常推崇牛僧孺的学说，并且号召大家进行学习，足以证明牛僧孺在当时的哲学界亦占有一席之地。

唐中期之后，各类宗教开始盛行，"因果报应"学说被民众普遍接受。而牛僧孺作为当时社会最杰出的思想家之一，对这种学说予以了辩证的解读，在当时的思想领域也可谓一个重要的创举。他据孔子"以直报怨，以德报德"学说为依据，表明人不能不辨是非地滥用善心，更不能对什么人都心存善念。比如面对一个十足的恶人，最好的方法是让他得到惩罚和限制，甚至是将其处死。如果对他一味仁慈，非但无济于他的向善，还会助长他的邪恶，同时也会为自己招致更大的灾祸，所谓"对敌仁慈就是对己残酷"。牛僧孺的这一学说，在愚民政策风行的古代社会，无疑是一股逆流，同时也是一泓清泉，为当时社会的人们学会独立思考提供了坚实的理论依据。

与此同时，牛僧孺还是一个无神论者，这同样继承自儒学大家荀子的学说。由于古代社会科学相对落后，很多自然现象都无法被人类理解，因而一些别有用心者便将这些现象伪造成天意神迹，从而达到自己不可告人的目的。对此，牛僧孺在《象化》一文中指出，人类的活动受自然的影响和限制，而并非受神的影响和限制。比如古代社会的人们相信龙能化雨，因而一旦遇到大旱年头，就会杀牛宰羊祭祀龙王，希望上天能够降下雨露。牛僧孺据基本的农学知识表明，每年之中降水都是有其固定规律的，什么时候降雨，降下多少雨，总归不会相差太多。与此同时，这种相差的时间和雨量也有规律可循，即每一甲子年内，其变化规律是基本不变的。

接下来是关于人性的论述，牛僧孺的观点更加具有先进意义。众所周知，人性是人类社会活动之根本，因而自古就是哲学家研究的核心内容，而孟子的"性善论"和荀子的"性恶论"基本各占了人性理论的半壁江山。牛僧孺结合二者的理论认为，人性根本无所谓善与恶，而是与利益存在着必然联系。简单来说，如果不涉及自身利益，每个人都可以保持善良之心，而一旦牵扯到自己的利益，则多半会被邪恶之心蒙蔽。比如弟弟遭到外人欺负，哥哥当然会挺身而出，但是一旦哥哥与弟弟之间发生利益冲突，自相残杀的激烈程度往往会超过与外人相斗。牛僧孺据此提出，凡事都要遵循趋利避害的人性本质，尤其是统治者推行各类政策。

再者就是牛僧孺的历史观，简单来说可以总结为六个字，即"重人事，轻天道"。牛僧孺认为，无论是朝代的兴衰，还是政权的更迭，最主要的因素都取决于人，因而他在《讼忠》一文中写道："支坏非天也，兴衰由人也。"如果主明臣贤，天下之人都会亲近朝廷，那么国家的兴盛繁荣就指日可待了；而如果主昏臣庸，天下之人就会疏远朝廷，那么国家一定会不可避免地走向衰亡。因此，如果君主想要国家昌盛，必须遵循"亲贤臣，远小人"的基本规律，以便取得最广泛的民意支持。为了帮助统治者辨别良莠，牛僧孺还引经据典，列举了诸多贤臣与小人的特点，其用心之良苦可见一斑。

在此基础上，牛僧孺还总结了"礼法兼用"的政治策略。所谓"礼"，简单来说就是道德舆论，牛僧孺主张首先在全社会范围内树立道德模范，同时加强道德教化，让每个人都能够生出荣辱观。应该说，道德对民众的约束在古代社会是重中之重，很多无良之徒根本不惧国家法律，却在道德面前规规矩矩。然而，正因为如此，才让那些无视道德之徒钻了空子，既然道德对他们失去了约束力，法律对他们便根本构不成震慑。对此，牛僧孺在加强道德教化的同时，又进一步加强法律要求，如此就让那些无视道德之徒心生忌惮，从而在最大限度上保障了社会的繁荣安定。

牛僧孺认为，使国家走上繁荣安定只有一条道路，那就是让民众尽可能地富足起来。道理很简单，国家政权到底要依靠收取税赋的方法保持生存，国家能够收到的赋税越多，经济实力就会越强大，政治影响也就越广泛。而多收赋税的方法大致有两种，一种就是增加征收的比重，比如之前每人收取十分之一，现在每人收取十分之十；还有一种增收方法是提高民众收入，比如之前每人手中有十块钱，按照十分之一的比重收税可以得到一块钱。此时民众手中有了一百块钱，那么再按照十分之一的比例收税，就可以得到十块钱。相比之下，前者的做法虽然省时省力，却是杀鸡取卵和竭泽而渔的做法，注定无法长久。而后者的做法虽然费时费力，却是高屋建瓴，藏富于民，有利于维护国家的长治久安。

在外交方面，牛僧孺主张以盟约的方式避免战端，因而强调以诚信待人，并且提出了"以信求诚"的总方略。牛僧孺指出，自古以来的所有战乱爆发，最根本原因都是彼此不能建立互信关系，尤其是中原王朝和边疆少数民族之间的争端。通常来讲，边疆少数民族虽然荒蛮未化，在诚信方面却普遍比号称礼仪之邦的中原王朝做得好，因而中原王朝只要加强诚信建设，同时保持强大的军事存在，自然能够避免边祸。应该说，牛僧孺的这种外交理论拥有强大的儒家理论的支持，同时也有利于缓解当时唐王朝的外交困境。但是说到彻底解决边患问题，在唐王朝已经屡次失信于人的情况下是否合理，恐怕要打上一个不小的问号。

最后是军事方面，牛僧孺提出了"重义轻战"的主张，即凡事都应尽量寻求政治层面的解决，而不是过分倚重战争手段。在政治学领域，有这样一条世人皆知的名言——战争是政治的延续。也就是说，只有到了政治无法解决问题的时候，才能考虑使用战争手段，当然准备战争的弓弦要时刻紧绷。要知道，但凡发生战事，国家经济和民众生活必然受到严重影响，且最终的胜负无人能够预料。可惜的是，牛僧孺的军事主张应对外族有余，处理内务却显得不足。原因很简单，当时唐王朝最大的问题是藩镇割据，而藩镇割据的现象之所以出现，就说明藩镇已经失信于中央政府，中央政府基本无法使用政治解决问题，牛僧孺的军事主张也就显得不合时宜了。

牛僧孺其人

　　史家对于牛僧孺的评价，自古以来都是褒贬不一，有人对他予以高度评价，又有人对他全盘否定，还有人对他毁誉参半。应该说，不管到了什么时候，关于牛僧孺的争论都不会停歇，而这也正是牛僧孺的神秘和魅力所在。客观来讲，牛僧孺的不作为确实让他在晚唐政局中的表现乏善可陈，但是如果说他助纣为虐，甚至损人利己，却也有失公允。更加不可思议的是，牛僧孺这样一个看似什么都没做的人，却在历史上留下了浓重的一笔，并且直到今天仍然为人们争论不休。当然，无论我们从什么观点出发，也无论我们最终得出什么结论，一个基本事实我们都要认清，那就是牛僧孺到底是一个什么样的人。

　　首先，牛僧孺一生正直，从未有过阿谀谄媚之举。尤其与宦官没有交集，他的两次拜相，都是受大臣推荐，这在宦官专权的当时社会是难以想象的。要知道，当时的李吉甫、元稹、李逢吉、李宗闵和李德裕等人，都与宦官有着密切联系，他们之所以能够掌权，也或多或少得到了宦官支持。由此可以看出，尽管牛僧孺为人有消极的一面，但是其基本的政治操守和原则还是存在的。如果我们能够慷慨一点，再结合当时的社会大背景来看，牛僧孺也可以算是一个正直的人了。大宦官仇士良尤其敬佩牛僧孺的品格，他曾经对人评价牛僧孺说"清德可服人"，可见牛僧孺品格之高洁。

其次，牛僧孺一生宽和仁厚，从未挟私打击他人。所谓党派斗争，大体可以分为得势和失势两种情况，失势自不必说，如果是在本党得势的时候，整个敌对党都将陷入全面受打压的局面。这个时候，如果敌对党中的某个人与得势党中的某个人有私怨，那么只要得势党的人发起攻击，多半会让对方面临绝境。牛僧孺一生所受打击，最严重的经历就是遭逢这种私怨报复，尤其是器量狭小的李德裕，甚至曾经想过置牛僧孺于死地。然而，面对这种私人恩怨，牛僧孺却很少发起反击，更没有利用手中权力处理过私人恩怨。李德裕落魄之后途经牛僧孺辖区，牛僧孺不计前嫌，以礼相待，正是其宽和仁厚的表现。

再者，牛僧孺一生举荐贤才无数，为了避嫌唯独没有举荐自己的两个儿子。牛僧孺出身世家，实际上却只有一个空壳，根本来讲是出于寒门。因此，当他受到韩愈等当世大贤赏识和推荐之后，内心当中感受到的希望和温暖是无法想象的。正是出于这样的原因，牛僧孺登上宰相位之后，非常注重提拔和举荐有才德的寒门子弟。值得一提的是，牛僧孺对于被举荐者的德行非常重视，并且总能率先垂范。史料记载，牛僧孺对待自己的门生"不肯引誉，不敢怨悔。常言古人修身之事，旁诱曲指，微警教之"。正因为如此，凡牛僧孺举荐的贤才至少在德行上没有问题，当然多数更是人中龙凤，比如著名诗人杜牧。至于牛僧孺的两个儿子，虽然都做了朝廷高官，却是通过科举考试的途径,没有得到牛僧孺的一点恩荫。

最后,牛僧孺一生为官清正廉洁,且乐善好施。通常来讲,但凡一个朝代进入晚期,其统治阶级大多奢靡无度,越是高级别的官员越喜欢通过炫富来满足自己的虚荣心。唐朝晚期更是如此,一些无才无德的大臣甚至以斗富为乐,以至于整个唐王朝都是一片糜烂景象。当然,任何一位权贵的钱都出自百姓,所以越是奢靡的景象越是让百姓无力负担,以至于天灾人祸遍布整个晚唐时期。就是在这样的社会环境中,牛僧孺却保持着自己的清正廉洁,不仅对治下百姓秋毫无犯,还时常拿出自己的俸禄赈济灾民。史料记载,牛僧孺身后,除了一宅一墅,以及满园石头(牛僧孺有石癖),再无其他东西留给子嗣。

总而言之,牛僧孺在"永贞革新"势力的影响下成长,在党争弥漫的环境中入仕,初期能够以天下为己任,代表庶族改革的意愿行事。可惜此时的唐王朝已经积重难返,牛僧孺的理想抱负很快被错综复杂的政治斗争泯灭,此后他只能独善其身,伺机作为。但是由于时局的每况愈下,他最终还是荒废了一生所学,同时也辜负了满腔抱负。应该说,牛僧孺是党争的牺牲品,而党争又是整个唐王朝走向灭亡的催化剂。牛僧孺未能及时有效地遏制党争,在历史和时局面前需要承担一部分责任,但是在事实和利益面前,他的所作所为又无可厚非。因而有史学家认为,牛僧孺的一生功过相抵,甚至无功无过,原本应该碌碌无为地度过一生,却被时代潮流推到了风口浪尖,以至于在历史上留下了一抹奇异的色彩。

唐大中十三年(859),由于天灾人祸的日益加重,唐王朝爆发了空前规模的农民大起义,而这次起义也成了"压在骆驼背上的最后一根稻草"。起义军在黄巢的带领下,以燎原之势烧遍整个大唐疆土,对整个唐王朝形成巨大冲击,最终导致中央政权名存实亡。在此之后,宦官专权、党派斗争和藩镇割据轮番上演,天灾人祸集中爆发,国家大权最终落在了起义军将领朱温的手中。唐天佑四年(907),朱温逼迫哀帝李柷将皇位禅让给自己,改国号为梁,称梁太祖,唐朝灭亡。

图书在版编目(CIP)数据

帝国的智囊团.大唐名相/邱雨著.—北京：中国华侨出版社,2015.9 （2021.2重印）

ISBN 978-7-5113-5676-5

Ⅰ.①帝… Ⅱ.①邱… Ⅲ.①政治家-列传-中国-唐代 Ⅳ.①K827=2

中国版本图书馆CIP数据核字(2015)第230388号

帝国的智囊团.大唐名相

著　　者 / 邱　雨
责任编辑 / 月　阳
责任校对 / 高晓华
经　　销 / 新华书店
开　　本 / 670毫米×960毫米　1/16　印张/17　字数/257千字
印　　刷 / 三河市嵩川印刷有限公司
版　　次 / 2016年2月第1版　2021年2月第2次印刷
书　　号 / ISBN 978-7-5113-5676-5
定　　价 / 48.00元

中国华侨出版社　北京市朝阳区静安里26号通成达大厦3层　邮编：100028
法律顾问：陈鹰律师事务所
编辑部：(010)64443056　64443979
发行部：(010)64443051　传真：(010)64439708
网址：www.oveaschin.com
E-mail：oveaschin@sina.com